POESIA NÃO É DIFÍCIL

BIRUTA

CARLOS FELIPE MOISÉS

Título *Poesia não é difícil*

Copyright © Carlos Felipe Moisés
Revisão Elisa Zanetti, Jefferson Pereira, Nathália Dimambro
Capa e Projeto gráfico Monique Sena
Coordenação Editorial Elisa Zanetti – Editora Biruta

1ª edição 2012

Dados Internacionais de Catalogação na Publicação (CIP)
(Câmara Brasileira do Livro, SP, Brasil)

Moisés, Carlos Felipe
Poesia não é difícil / Carlos Felipe Moisés. --
São Paulo: Biruta, 2012.

ISBN 978-85-7848-087-5

1. Poesia - Estudo e ensino 2. Prática de ensino I. Título.

11-13848 CDD-808.1

Índices para catálogo sistemático:
1. Poesia: Literatura: Estudo e ensino 808.1

Edição em conformidade com o acordo ortográfico da língua portuguesa.

Rua Coronel José Euzébio, 95 – Vila Casa 100-5
Higienópolis – CEP 01239-030
São Paulo – SP – Brasil
Tel (011) 3081-5739 Fax (011) 3081-5741
E-mail: biruta@editorabiruta.com.br
Site: www.editorabiruta.com.br

POESIA NÃO É DIFÍCIL

SUMÁRIO

AO PROFESSOR

O TÍTULO DESTE LIVRO PRETENDE ACABAR COM O MITO de que "poesia é difícil". Não é o que a maioria das pessoas acha? Pois é. Mas eu garanto: é só um mito, uma falsa verdade. Talvez não seja possível demonstrá-lo, cabalmente, nesta conversa inicial (só o livro, no seu todo, será capaz disso), mas vou tentar.

De saída, é preciso colocar esse mito em confronto com outra verdade universal, que de mito não tem nada. As mesmas pessoas que acham poesia difícil são unânimes em afirmar, quando indagadas a respeito, que gostam de poesia. Até hoje não conheci ninguém que dissesse: "Poesia? Não quero nem saber! Detesto!". O que as pessoas podem detestar, isto sim, é estudar poesia, ler poesia com o propósito ou a obrigação de analisar, compreender, explicar. Quando solicitadas a fazê-lo, fogem arrepiadas, isto é, fogem de algo que apreciam. Por trás do mito, como se vê, existe um contrassenso (por que as pessoas repudiam aquilo que ao mesmo tempo as atrai?), que este livro pretende corrigir.

Refiro-me, claro, à poesia em sala de aula, que é onde ela precisa estar (na verdade, sempre esteve e continua a estar), mas onde deve, acima de tudo, ser tratada de modo adequado, isto é, como experiência afetiva, espiritual e artística que as pessoas naturalmente amam e à qual deveriam dedicar-se por prazer, não por obrigação. Quando o jovem leitor se depara com a perspectiva de provas, testes e exames, e com a necessidade de memorizar enorme quantidade de regras nem sempre úteis, às vezes até despropositadas, o resultado, já sabemos, é fugir da poesia. E, com isso, privar-se de uma rara oportunidade de enriquecimento humano e intelectual.

Não há idade mais propícia à poesia do que a juventude: é a idade da autodescoberta e da descoberta do mundo, da curiosidade ilimitada, da imaginação generosa, do desejo de compreender, e também do espírito crítico aguçado, das dúvidas e incertezas, das experiências decisivas, que costumam marcar para o resto da vida. Não é de surpreender, portanto, que todos amem poesia, pelo menos na juventude. É que as inquietações atrás enumeradas coincidem, em linhas gerais, com a matéria preferida de quase todos os poetas, de todos os tempos. As pessoas amam encontrar, nos poemas que leem, um eco, um reflexo das suas inquietações. Essa é uma experiência prazerosa e este livro acredita que é possível praticá-la, com proveito, em sala de aula.

O caminho para se chegar a isso depende mais de atitude do que de regras, modelos e esquemas. Antes das explanações teóricas e dos quadros sinópticos, que serão introduzidos, aos poucos, em doses palatáveis, é preciso tirar partido do fato incontestável de que todo jovem gosta ou está propenso a gostar de poesia.

É preciso, então, partir do mais simples: a leitura, em voz alta, de um poema, depois outro, outro... É recomendável que o mesmo poema seja lido mais de uma vez, pelos alunos, sempre em voz alta, para a classe: a cada leitura, uma tentativa diferente de dar a cada verso, a cada frase, a cada palavra, a entonação adequada. O exercício permitirá que, aos poucos, se desenvolva coletivamente a tarefa de compreender os sentidos e significados, até que todos os participantes se sintam aptos a explicar "o que o poema quer dizer".

Haverá, é inevitável, explicações divergentes, umas mais próximas, outras mais distantes, outras "nada a ver", e haverá talvez aquela que o professor (isto é, você) considere "a" explicação correta. Esta, se de fato existir, acabará por aparecer, *sem que você a imponha*. Ou os alunos chegam lá por conta própria ou nunca chegarão. Neste ponto reside a *atitude* a que me referi antes. No meu modo de entender (espero que você concorde), professor não é aquele que sabe, e entrega aos alunos – pacote pronto – a sua sabedoria. Professor, claro está, é aquele que precisa saber, caso contrário não deveria estar lá, mas se limita a oferecer aos alunos caminhos para que cada qual conquiste a sua própria sabedoria, que nem sempre coincidirá com a do mestre.

Poesia exige isso mesmo: relativização dos juízos, respeito às intuições e opiniões de cada um, sobretudo as divergentes. Se estivéssemos lidando com matemática, digamos, a situação seria outra. Diante, por exemplo, de "O quadrado da hipotenusa é igual à soma dos quadrados dos catetos", você se limitaria a demonstrar (a coisa toda ali, visível, no quadro negro) que $A^2 = B^2 + C^2$, faria o possível para que todos decorassem a fórmula para o resto da vida e não perderia tempo perguntando ao aluno: "O que você acha disso?" ou "Que sentido isso tem para você?" ou "Qual é sua opinião pessoal a respeito?". Mas diante de "amor é fogo que arde sem se ver" são exatamente estas as perguntas que devem ser feitas, para começo de conversa. E só o mau professor acharia que ele, e só ele, tem "a" resposta.

Isso remete ao que julgo ser a estratégia fundamental no ensino de poesia: *o diálogo*. Foi a estratégia que adotei ao conceber e realizar este livro: da primeira à última página, o que faço é conversar com o leitor, como agora estou conversando com você, caro amigo professor. Mas, no livro, não é só a você que me dirijo. Muitas vezes, converso diretamente com o aluno, ou com o leitor comum, que por acaso esteja por perto, curioso, só observando. O que posso adiantar desde já é que a existência de vários interlocutores, neste nosso diálogo sobre poesia, não é só uma questão de estilo. Como afirmei, é uma estratégia. No final, voltaremos a isso, e então poderei explicar o porquê da decisão que tomei.

Fixemos por ora o ponto chave: se estivermos dispostos a dialogar, precisamos de mais de um interlocutor. Sugiro, no entanto, que em sala de aula você dialogue preferencialmente com o aluno, servindo-se com liberdade dos materiais oferecidos pelo livro. E não perca de vista: se o seu propósito for discutir posições teóricas, ou algo equivalente, o interlocutor ideal será um colega, isto é, outro professor, jamais o aluno. E não se esqueça de que alunos não são espectadores passivos da aula, por brilhante que esta seja, mas são ou esperam ser participantes ativos do espetáculo, desde que este não os atole num aluvião de teorias.

Reservei para a "Introdução", logo adiante, uma série de reflexões que dizem respeito a métodos de abordagem, objetivos e limites da proposta, técnicas e procedimentos a serem utilizados no desenvolvimento da análise de texto etc. Mas tudo em linguagem que o aluno ou o leitor comum possam entender também. Daí os vários interlocutores a que me referi: às vezes é você, às vezes é o seu aluno, outras ainda é o leitor de fora. Ou seja, a "Introdução" lida com questões técnicas e metodológicas, mas nada de especulações para especialistas.

Essas reflexões introdutórias serão retomadas em mais de um capítulo, na medida em que a análise o suscite, e, de forma um pouco mais sistemática, na conclusão, que intitulei "E agora?" – na qual, não custa lembrar, a estratégia dos vários interlocutores será esclarecida. Você encontrará, na "Introdução" e no fecho, as explicações e o material pedagógico de que necessite. Assim como valoriza a liberdade do leitor e do aluno, o livro valoriza também a liberdade do professor que venha a utilizar-se dele.

Uma última palavra, a respeito de criação poética, e podemos dar por encerrada esta nossa conversa inicial.

Se nosso ponto de partida é o fato de todo jovem ser propenso a gostar de poesia, o que fatalmente acontecerá se ele não for desencorajado por um excesso de regras e fórmulas, ou por obrigações burocráticas, é inevitável deduzir que ele extrairá tanto prazer da leitura de poesia quanto da tentativa de criar os seus próprios poemas. Por isso, sem deixar de ser um manual de análise de texto poético, o livro funciona também como estímulo à criação. Entender e criar, ou pelo menos experimentar o desafio da criação poética, são vasos comunicantes. Minha expectativa é que, orientado e estimulado por você, com a ajuda do livro, o jovem leitor acrescente, ao espontâneo prazer com que lê um poema, o prazer paralelo de escrever outro. Assim, a escola e o professor cumprirão bem o seu papel, e a poesia continuará a representar uma das dimensões mais significativas da sociedade em que vivemos.

C.F.M.
Abril de 2011

INTRODUÇÃO

1

SE VOCÊ ESTIVER INTERESSADO EM SABER, DIGAMOS, o que é "mecânica celeste", o caminho natural será perguntar a um professor de física, não é mesmo? Depois, recomenda-se consultar um manual ou uma boa enciclopédia. Caso você seja do tipo desconfiado, que não se satisfaz com a primeira explicação (um pouco de desconfiança é sempre aconselhável, nesses casos), você repetirá a pergunta a outros professores, consultará algum astrônomo, se tiver a sorte de contar com um por perto, irá à biblioteca, atrás de outros manuais e outras enciclopédias, e pedirá a seus amigos que façam a mesma pergunta a quem eles considerem em condições de responder. E por que não recorrer, ainda, à internet? Lá você encontrará, numa fração de segundo, 1.400.000 ocorrências para "mecânica celeste" (Google, 18/11/2010).

Sou capaz de apostar que o esforço trará como resultado, independentemente da prodigiosa variedade de "explicações" que você possa encontrar, a mesma resposta, qualquer que seja o número de professores e astrônomos, manuais e enciclopédias consultados. Por quê? Porque "mecânica celeste" constitui um saber universal, que independe de interpretações subjetivas e circunstâncias culturais ou de época. O que se sabe a respeito do tema, em sua acepção clássica, é essencialmente o mesmo, desde os tempos de Galileu e Newton (séculos XVI e XVII). Foi preciso esperar até o início do século XX para que Einstein, com sua teoria da relatividade, introduzisse algo novo na matéria.

Agora, se estiver interessado em saber o que é poesia (acho que é o seu caso, senão você não teria começado a ler este livro), não siga o mesmo caminho. Só na internet, na mesma data mencionada dois parágrafos atrás, o Google despejaria sobre você nada menos que 35.100.000 de entradas para "poesia". É isso mesmo:

mais de 35 milhões! Nada impede que você recorra a especialistas na matéria, nem que consulte manuais e enciclopédias. Acontece que você não terá basicamente a mesma resposta. A previsão é que, a cada consulta, haverá uma resposta diferente. Por quê? Porque "poesia" não constitui um saber universal. Seus conceitos e definições – que existem, é claro, e em grande quantidade – dependem de circunstâncias culturais e históricas; dependem também, e muito, da interpretação subjetiva das pessoas.

Posso dar um exemplo. Estou escrevendo este livro num escritório forrado de estantes, livros em quantidade, que vim lendo e acumulando ao longo dos anos, e pelo menos metade deles são de ou sobre poesia. É meu assunto predileto. Na internet, claro, há muito, muitíssimo mais do que isso. A propósito, eu me sinto relativamente à vontade para ir navegando naquele megaoceano de 35 milhões de ocorrências, sempre com algum proveito, mas acho que me sentiria perdido se tivesse de *começar* por aí. Mas voltemos aos meus livros de e sobre poesia.

Numa das estantes, há algumas dezenas de obras que vão da *Poética*, de Aristóteles (século IV a.C.), até, por exemplo, *La gravitation poétique*, do especialista francês Jacques Garelli, um tratado moderno e avançado. (Não estávamos falando de mecânica celeste? Nesse caso, "gravitação poética" até que vem a propósito...) Pois bem, eu poderia resumir e comentar, para você, as definições, os conceitos, os princípios, os argumentos, as classificações e tudo o mais que encontrasse nessas páginas repletas de sabedoria. Para início de conversa, seria necessário ordenar cronologicamente todo o material, para que você tivesse uma visão histórica da evolução do ou dos conceitos de poesia, tarefa consideravelmente mais simples no caso de mecânica celeste. Seria um trabalho cansativo, para mim e para você. E com um agravante: depois de ler meus resumos e comentários, você talvez não ficasse sabendo, efetivamente, o que é poesia. A não ser que nos contentássemos com uma definição formal, dessas que podemos ter na ponta da língua, para quando nosso conhecimento é testado. Você sabe: questionários, testes de avaliação, provas e exames, o vestibular, ou simplesmente não fazer feio em determinada roda...

Voltemos então ao ponto de partida. Saber que mecânica celeste é "um ramo da astronomia que tem por objeto de estudo o movimento dos astros sob a ação da gravitação universal", como nos diz qualquer enciclopédia, não chega a ser um *conhecimento* na acepção plena. Munido dessa definição, e só dela, você poderia tranquilamente afirmar: "Eu sei o que é mecânica celeste", mas seria leviandade sair por aí dizendo que *conhece* mecânica celeste. Conhecer, no sentido em que estou empregando o termo, vai muito além de saber.

Por outro lado (veja como as palavras são ardilosas, é preciso muito cuidado com elas), também é possível entender *conhecimento* como algo que está não além, mas aquém das definições. Você talvez não saiba o que é poesia; se alguém lhe pedir uma definição, é possível que você se enrole com as palavras. Mas, apesar disso, não tenho a menor dúvida em afirmar que você *conhece* poesia, pela razão simples de que você vive cercado de poesia, por todos os lados, sob as mais variadas formas, desde que nasceu. As canções de ninar, ouvidas na infância; as cantigas de roda; as letras dos hinos; as letras das músicas; a infinidade de versos e estrofes que todo mundo sabe de cor e que a gente diz ou ouve, frequentemente; certos anúncios, certos cartazes, certos grafites... Não é óbvio que tudo isso pelo menos *contém* poesia?

Mesmo que você não tenha o hábito de folhear livros de poesia, não se trata de um objeto desconhecido para você, como era desconhecida a mecânica celeste, antes que a pesquisa o esclarecesse. O fato é que você vem experimentando poesia, vivenciando poesia, desde sempre, e possui dela algum conhecimento, mesmo que não saiba. Claro, estamos lidando aqui com outro tipo de conhecimento, diferente daquele que seria necessário para que você pudesse afirmar, no exemplo anterior, "Eu *conheço* mecânica celeste". O conhecimento que você tem de poesia é o que os teóricos chamam de empírico ou pré-conceptual, querendo dizer que é um conhecimento ainda não sistematizado em conceitos e definições. Mas nem por isso deixa de ser conhecimento.

Eu diria, mais, que o verdadeiro conhecimento de poesia não se preocupa muito com definições e conceitos, só um pouco. A poesia espera de nós mais do que isso. Ou menos, depende do ponto de vista. Espera nosso envolvimento pessoal, espera que nos aproximemos dela dispostos a sentir, experimentar, vivenciar. Nesse sentido, apesar de todo o respeito que os especialistas merecem, apesar da extrema utilidade dos manuais e enciclopédias, não é a eles que eu sugeriria recorrer, para o caso de você querer saber o que é poesia. Meu palpite é que devemos endereçar essa pergunta diretamente aos poetas, ou seja, à própria poesia, ainda que isso envolva algum risco. Como perguntar à poesia o que é poesia se ainda não sabemos o que isso é? E se a poesia à qual fizermos a pergunta não for... poesia?

Arriscado, não é mesmo? Você viu a bela definição que poderíamos extrair daí? *Poesia é aquilo que ficamos sabendo o que é quando lemos poesia.* Será que seu professor de lógica assinaria embaixo?... Bem, mesmo assim, acho que vale a pena arriscar. Até porque, os poetas jamais se preocupariam com armadilhas desse tipo. Professores e críticos, além de físicos e astrônomos, sim (ai deles se ficarem andando em círculos, ao tentar explicar sua matéria!), mas os poetas, garanto que não.

Veja o caso da mecânica celeste. Você acha que foi arbitrária a escolha do exemplo? Não foi. É que aos olhos – e aos ouvidos – de um poeta a expressão é, para dizer o mínimo, altamente sugestiva, estimulante, misteriosa. "Mecânica" a gente associa a algo exato, preciso, real, concreto. Já "celeste" tem a ver com o etéreo, o distante, o inacessível, algo que é fruto mais da fantasia do que outra coisa. Um parece brigar com o outro, a perfeita união dos contrários... Antes de pedir ao professor a definição de "mecânica celeste", sua ideia não seria mais ou menos essa? (Pois é. Estou apostando que em cada um de nós existe, sempre, pelo menos um poeta adormecido.)

Meus amigos astrônomos devem estar dizendo: "Parado aí! Você está forçando um pouco as coisas!" –, e estou mesmo. Sei muito bem que "celeste" quer dizer, apenas, "relativo ao céu", isto é, o espaço onde se encontram os astros. Mas, para os poetas, "céu" não é nada disso; "celeste", então, tem uma musicalidade e uma cor azul-clarinho que não se coadunam com o rigor lógico dos cientistas...

Para os poetas, as palavras não têm só o sentido "científico", têm muitos sentidos, que variam, de uma época para outra. Uma senhora "gentil", para Camões, é nobre, altiva, generosa, refinada; para um poeta moderno, é apenas bem educada. As palavras variam, também, de um poeta para outro, contemporâneos; variam até de um livro para outro, do mesmo poeta. Resultado, para entender um poema é preciso deixar-se contaminar por ele, aceitar que as palavras nele empregadas tenham vários sentidos, muitas vezes contraditórios. Para entender um poema é preciso gostar de poesia, não basta estar na posse desta ou daquela definição. Você pode assimilar a ideia básica de mecânica celeste, mesmo que não se deixe envolver pessoalmente pelo assunto. Sua definição será tão válida quanto a daquele indivíduo apaixonado pelo tema. Com a poesia, o caso é outro.

Mas, você dirá, para gostar de poesia não é preciso entender? Então, como posso gostar se não entendo? E como entender sem gostar? Pois é, a necessidade da lógica nos surpreende, outra vez, com a armadilha do círculo vicioso. O que eu diria é que você tem razão: gostar e entender são vasos comunicantes, e isso vale em especial para a poesia. Para escapar do círculo vicioso devemos aceitar que haja um ponto de partida: eu gosto, você gosta, todos gostamos de poesia, ainda que só um pouco, antes mesmo de entender seja o que for. Depois a gente vai entendendo, por etapas, e quanto mais entende mais gosta.

Essa, pelo menos, é a proposta deste livro. Se você não gosta nem um pouco de poesia, só vamos perder tempo. Se você está lendo por obrigação, isto é, porque a coordenadoria pedagógica exigiu, no caso do professor; ou porque o professor mandou, no caso do aluno; ou porque passou a ser politicamente correto saber o que é poesia, no caso do leitor em geral –, acho melhor desistir. O verdadeiro conhecimento de poesia pede que nos dediquemos a ela por prazer, não por obrigação. E pede também que não se perca de vista o sentido lúdico, o sentido de jogo e brincadeira que o lidar com as palavras pode implicar. O físico e o astrônomo não têm o privilégio de brincar com as palavras, mas para o poeta o humor que se possa extrair delas é sempre bem-vindo.

Exemplo: *mecânica celeste é uma oficina onde os anjos levam as asas para consertar, e onde Apolo periodicamente faz a manutenção do carro com que, todos os dias, arrasta o Sol, de horizonte a horizonte*. Caso você não saiba de que estou falando, pegue uma enciclopédia, ou vá à internet, e veja o que é "Apolo", na mitologia grega. Mas se você é do tipo que faz questão de definições, e apesar dos meus argumentos ainda está à espera de uma, acho que dá para lhe satisfazer a vontade: *poesia é uma espécie de mecânica celeste cuja matéria-prima é as palavras.*

Quer dizer, se você gosta de poesia e está disposto a lhe dedicar um pouco do seu tempo, para gostar ainda mais, posso dizer, então, que este livro encontrou o leitor que buscava.

2

POESIA É, ANTES DE MAIS NADA, REPRESENTAÇÃO DE voz humana, vale dizer som, massa sonora, ritmos audíveis, musicalidade em potencial. Portanto, antes de tentar *entender* um poema, é preciso que você o diga em voz alta. Antigamente falava-se em "declamação", palavrinha capciosa, pelo que pode conter de artificial, mas, se isso não o incomodar, vá em frente: *declame* o poema, para você mesmo, várias vezes, variando a cada vez a entonação, o volume, o ritmo, as pausas; declame-o para os seus amigos; ouça a declamação de alguém mais; deguste a sonoridade das palavras, que estão ali, mudas, no papel, à espera de que alguém as diga em voz alta. E, nesse primeiro contato, não se preocupe muito com os significados, não insista em saber, de saída, "o que esse poema quer dizer". A razão é simples: em poesia (na boa poesia), som e sentido estão sempre bem casados, um se alimenta do outro, e a familiaridade com a música potencial das palavras o levará com mais segurança à camada dos sentidos, quase sempre um pouco obscuros, enigmáticos, mas que irão aparecendo, desde que você ponha as cordas vocálicas e os ouvidos para funcionar, antes de começar a analisar e interpretar – já que este é, afinal, o nosso objetivo, não é mesmo?

Assim que terminarmos esta introdução, começaremos a interpretar os nossos poemas, e eu não vou insistir nesse ponto. Fica subentendido que, antes de iniciar a tarefa, você deve ler em voz alta o poema a ser analisado. E faça a mesma coisa, só que no sentido inverso, quando estiver escrevendo o seu poema: depois de pronto, leia-o em voz alta e verifique se as sonoridades funcionam tão bem quanto (e em harmonia com) as ideias, os sentimentos e as intenções que você pretendeu registrar no papel.

Este livro não pretende ser um tratado teórico, sequer ambiciona responder a questões do tipo *o que é poesia?*, *o que é poesia lírica ou poesia épica?*, *qual a diferença entre poesia e prosa?*, e tantas outras. A investigação que busca responder a essas perguntas é desejável e necessária, dependendo dos fins em causa, mas não creio que seja indispensável ao despretensioso prazer de ler e degustar um bom poema.

Há quem defenda a tese de que o adequado conhecimento teórico pode aumentar esse prazer, tese que eu sem hesitar endosso, mas não estou interessado, no momento, em enveredar pelos meandros especulativos da questão. Tomando o partido do amador e não o do burocrata da poesia, este livro pretende, antes, defender a ideia de que, para gostar de poesia, o fundamental é o convívio constante, a familiaridade com o texto poético, baseada na tentativa continuada e persistente de ler e compreender.

Ler e compreender... Estou admitindo que seja este o seu caso: desenvolver e aprimorar o prazer de ler um poema. Mas nada impede que você esteja interessado não em analisar poesia, mas em escrever os seus próprios poemas, para testar a capacidade ou o talento que tenha, como poeta. Eu diria: ótimo! Tentar escrever um poema é um dos caminhos para se chegar a saber o que é poesia.

E isso é uma via de mão dupla. Não tenho notícia de nenhum bom poeta que não fosse, também, um bom leitor de poesia. Na prática: se você estiver interessado em criar os seus próprios poemas, aprender a analisar e a interpretar vai ser de boa ajuda. Por outro lado, se você quiser apenas aperfeiçoar seus dotes de leitor ou intérprete, escrever um poema, ainda que como simples exercício, sem nenhuma pretensão, vai ajudá-lo a adquirir, a respeito de poesia, um "saber só da experiência feito", isto é, algo que não será mera e fria teoria. E quem chama a atenção para essa espécie de saber, valorizando o conhecimento prático acima do teórico, é justamente um poeta: Luís de Camões. Este livro se destina, enfim, a desenvolver o gosto da leitura, mas também dedica parte de sua atenção ao prazer de escrever poesia.

3

A LINGUAGEM POÉTICA SE DISTINGUE DAS DEMAIS POR seu acentuado poder de síntese, pela infinita variedade de seus expedientes e pela capacidade que tem o poeta de falar nas entrelinhas. Podemos admitir que poesia seja um jogo de subentendidos, linguagem cifrada, repleta de nuanças e ambiguidades, constituindo, assim, um poderoso desafio à nossa sensibilidade e argúcia.

Muitos leitores de poesia se satisfazem com o impacto emocional provocado por um bom poema e se limitam a sentir as reverberações por ele desencadeadas. O que pretendemos é partir desse ponto e ensaiar uma tentativa de compreender o porquê desse impacto, as razões pelas quais este ou aquele poema provoca em nós esta ou aquela reação. De que estratégias o poema lança mão? De que recursos se serve? Que efeitos ou desvios entram em ação quando nos deparamos com a específica sequência de palavras que o compõem? Tais questões, como você vê, interessam tanto ao analista quanto ao criador de poesia.

Alguma teoria subjaz ou pode subjazer a isso tudo, mas minha intenção, até onde for possível, é mantê-la onde está: nos bastidores. O que nos interessa é a prática da leitura consciente. E estou descartando também a possibilidade de respostas que se apliquem a todo e qualquer poema. Creio que em relação a essa ideia do impacto emocional, e não só, é preciso trabalhar poema a poema, caso a caso. As generalizações são muito atraentes, mas podem deixar-nos exatamente como estávamos, antes de começar: de mãos vazias. De minha parte, farei o possível para resistir.

Por isso, convém que nos entendamos quanto às limitações do nosso propósito. Digamos que eu e você decidimos debruçar-nos sobre um punhado de poemas, que vamos ler e comentar, na tentativa de localizar seus significados básicos, seus mecanismos determinantes, suas sutilezas de construção, suas intenções mais ou menos veladas. E, se for o caso, você aplicará tudo isso aos poemas que pretenda escrever. Será um exercício de compreensão e não a exposição sistemática de um modelo de análise, e menos ainda de uma *receita*, seja para analisar, seja para compor um poema. A infinita variedade da linguagem poética é refratária ao estabelecimento de qualquer fórmula e desconhece leis certas e definitivas. Deixe isso para os astrônomos...

Ao afirmar, no título, que *poesia não é difícil*, não quero alimentar falsas esperanças. O fato é que a maioria das pessoas *acha* poesia difícil. Por quê? A única "razão" alegada, que eu saiba, é que poesia exige um árduo conhecimento prévio: noções de métrica e versificação, o quadro completo das temíveis figuras de linguagem, os vários tipos de verso e estrofe, mais hemistíquio, cesura, rima rica, rima pobre, e por aí vai. Além disso, para "confirmar" que poesia é difícil, as pessoas costumam lembrar a "evidência" de que prosa é fácil. Um romance, dizem, não exige nenhum conhecimento prévio, é só ir lendo, apreciando o enredo e, no fim, se você resumir a historinha para os amigos, eles até que não farão má figura... sem ter lido o livro.

Não é preciso ser especialista em literatura para desconfiar que aquela razão é um equívoco e esta evidência, uma ilusão. O dito conhecimento prévio não passa de listas de nomes, cuja posse não lhe garantirá o acesso à poesia. Você poderá assimilar bastante bem um poema, mesmo que não saiba rotular isso de sinédoque, aquilo de metonímia, tal verso de hendecassílabo e tal outro de alexandrino trimembre. Se a dificuldade estava aí, não está mais. Podemos então concluir que poesia é fácil? Logo, logo. Antes, uma palavrinha sobre a evidência da ilusão.

Ler bem um romance vai muito além de conhecer o seu enredo, e não é fácil como parece. Um romance de fato não exige conhecimento prévio, mas já sabemos que poesia também não. Na verdade, ambos apresentam o mesmo grau de dificuldade, ambos exigem do leitor doses equivalentes de reflexão crítica, capacidade de observação e análise, atenção, alguma disciplina, espírito indagador, raciocínio dedutivo, além de sensibilidade e gosto pela coisa. Mas não são mais ou menos esses os requisitos para se conhecer bem seja o que for? Claro, você está certo. Então é só concluir. Por que literatura seria exceção? Por que entender um romance deveria ser "fácil"? Por que a poesia haveria de apresentar dificuldades que têm pouca ou nenhuma relação com esses requisitos?

Com isso, acho que está claro o que o título promete, e suponho que você já não esteja mais interessado em saber se poesia é fácil. Fácil ou difícil (agora posso retomar o trajeto anterior), este livro é um convite para você percorrer comigo alguns exemplos dos múltiplos e variados caminhos da poesia. O intuito é compreender para desfrutar melhor, não sei se a poesia em geral, mas pelo menos os poemas aqui reunidos. Não é meu propósito aliciá-lo com mais uma tentativa de "conceituar" e menos ainda "definir" essa entidade abstrata chamada Poesia, que tanto estimula a imaginação dos teóricos. Para o que pretendo, não importa o que venha a ser essa Poesia com inicial maiúscula, nem sequer importa saber se ela de fato existe ou se constitui apenas um pressuposto da mente especulativa. Nossa tarefa é pragmática: ler, ler exaustivamente, poemas e mais poemas, para, quem sabe, aprender a gostar de poesia. Paralelamente, se você estiver disposto a se aventurar nos exercícios de criação, propostos a cada capítulo, escrever, escrever poemas e mais poemas, ainda que só para adquirir um pouco daquele "saber só da experiência feito", de que fala o velho Camões.

4

NOSSO ROTEIRO É COMPOSTO DE DEZ CAPÍTULOS, QUE correspondem a dez núcleos temáticos, e cada um contém dois poemas, mais os exercícios de criação. O primeiro poema, em cada capítulo, serve de lema e instigação, além de remeter a uma explanação histórica, para que sejamos capazes de situá-lo no tempo; o segundo é para ser analisado, comentado e esmiuçado, tão minuciosamente quanto possível. Mas não me deixei levar pela ambição desmedida de "esgotar" qualquer dos poemas analisados. Os comentários e interpretações são sempre parciais, incompletos, pois visam apenas servir de estímulo e guia, no tocante a como proceder diante das muitas modalidades de poesia com que nos deparamos no universo da língua portuguesa. (No capítulo final, "E agora?", essa questão será retomada.)

Embora muitos estudiosos, e mesmo poetas, afirmem o contrário, não creio, como insinuei pouco atrás, que a poesia seja uma linguagem universal. Nessa matéria, penso que tudo é sempre regional, no sentido de que tudo está sempre comprometido com determinadas circunstâncias biográficas ou linguísticas, culturais ou de época. (Pense na universalidade da definição de "mecânica celeste", que será sempre a mesma, quer você tenha nascido aqui, na Bessarábia ou no Alasca.) As palavras escolhidas pelo poeta, para este ou aquele poema, vêm sempre impregnadas do espírito peculiar do idioma e sua cultura, do tempo histórico e das contingências, igualmente peculiares, da vida do escritor. Mas não estou interessado nas implicações e desdobramentos dessa hipótese, na verdade pouco mais que especulação teórica. Pretendo apenas chamar sua atenção para a necessidade que temos, dependendo do caso, de nos municiar do máximo possível de informações a respeito da língua, da cultura, das circunstâncias históricas e da biografia do poeta, para que isso nos habilite a apreciar a poesia em causa, no sentido genuíno de degustá-la adequadamente, isto é, com um mínimo de consciência do que se degusta e do modo como isso se dá.

Apesar de ser uma afirmação óbvia, nunca é demais insistir: cada texto com que nos depararmos deverá ser inserido no seu contexto. Mas nada nos obriga a encarar o poema como mero reflexo de conteúdos previamente apreendidos nesse contexto. O objetivo do esforço é deixar-nos em condições de atinar, no corpo do poema, com as impregnações atrás referidas, sem as quais nossa leitura será demasiado unilateral ou superficial e até mesmo distorcida.

Quanto à divisão do livro em capítulos, trata-se de um expediente estratégico, destinado a facilitar as coisas entre nós, tornando menos cansativa a tarefa. O repertório de vinte poemas, com que iremos trabalhar, evidentemente não dá conta de todo o universo poético da língua; são apenas alguns casos, exemplares, que podem servir de ponto de referência. Parto do pressuposto de que você, como eu, não tem a pretensão de conhecer *toda* a poesia possível; quer apenas conhecer bem algumas de suas manifestações.

Minha preferência, visível já no sumário, é pelos poetas modernos e contemporâneos; em segundo lugar, alguns poetas do século XIX; por fim, um ou outro exemplo de épocas mais recuadas. Não se trata apenas de gosto pessoal. É também a convicção de que são esses os poetas que nos falam mais de perto. Para gostar de poesia, tarefa das mais árduas, mas altamente compensadora, é de todo conveniente buscar o caminho da familiaridade. Os poemas escolhidos compõem um pequeno roteiro que aponta, segundo a minha escolha pessoal, para o mesmo caminho humano e estético que continuamos a trilhar.

Pelo sumário, também, você repara que três poetas são contemplados com duas aparições: Pessoa, Drummond e João Cabral; os demais comparecem uma só vez. Isso não foi arbitrário e é coerente com o que expus no parágrafo anterior: são os poetas que mais admiro e por isso me são mais familiares. (Admito que eu poderia inverter: são poetas que eu admiro porque me são mais familiares. Mas será que isso mudaria alguma coisa?) O importante é que você se sinta à vontade para continuar admirando os de sua preferência, caso minha escolha não coincida com a sua. Procedi assim por razões de coerência e por não alimentar a ingênua ambição da neutralidade. Minhas escolhas não são neutras: tenho a firme intenção de influenciá-lo. Escrevi este livro com o propósito de transformá-lo num entusiasmado apreciador de poesia. Ou, se for o seu caso, num poeta empenhado em aperfeiçoar cada vez mais sua capacidade de criação. Já quanto a gostar mais deste ou daquele poeta, isso ficará por sua conta.

Você verá, enfim, que minhas preferências não implicam preconceito, quer em relação às formas regulares, rimadas e metrificadas, quer em relação ao chamado "verso livre", característico da poesia moderna. Para gostar de poesia é preciso lutar contra toda sorte de preconceitos, os "conservadores" e os "avançados", e é preciso também estar sempre disposto a enfrentar com humildade as surpresas e armadilhas que ela abriga, em suas formas inumeráveis.

I

AUTOCONHECIMENTO

PAISAGEM NATURAL DEVANEIO COTIDIANO BELEZA INFÂNCIA AMOR MORTE O EU E O OUTRO A PRÓPRIA POESIA

I

AUTO-
-CONHECIMENTO

COMIGO ME DESAVIM

Comigo me desavim,
sou posto em todo perigo;
não posso viver comigo
nem posso fugir de mim.

Com dor, da gente fugia,
antes que esta assi crescesse;
agora já fugiria de mim,
se de mim pudesse.

Que meu espero ou que fim
do vão trabalho que sigo,
pois que trago a mim comigo,
tamanho imigo de mim?

FRANCISCO DE SÁ DE MIRANDA [Coimbra: 1495-1558] *Obras completas.* Lisboa: Sá da Costa, 1942, vol. I, p. 8.

O ASSUNTO PREFERIDO DA MAIORIA DOS POETAS, EM TO-dos os tempos, é o seu próprio Eu. Pode-se afirmar, sem medo de errar, que a poesia é, não só mas também, uma forma de autoconhecimento. Isso não quer dizer que seja sempre manifestação de egoísmo ou egocentrismo, mas somente que, no processo de criação, um dos impulsos básicos é o misto de espanto e perplexidade do indivíduo que se surpreende como um desconhecido para si mesmo.

Nada original, não é verdade? O impulso que leva os poetas a escrever é o mesmo que cada um de nós experimenta, quando se pergunta: "Quem eu sou?". Se eles fossem capazes de responder sem hesitar, não escreveriam nada, e nós nunca saberíamos o que é poesia. Acontece que os poetas hesitam porque não se satisfazem com respostas convencionais, tipo nome, nacionalidade, profissão etc. Quando se pergunta a si mesmo "Quem eu sou?" (e, em todo poema, direta ou indiretamente, essa pergunta é colocada), o poeta parece buscar algo além do esperado: "Sou Fulano de Tal, brasileiro, funcionário público etc".

Todo poema é uma espécie de viagem interior, que o poeta empreende à procura de si mesmo, da essência definidora que se esconde por trás do rótulo nome-nacionalidade-profissão. Por isso a poesia é sempre um desfiar de indagações e incertezas, dúvidas e perplexidades. O poeta é um ser que não sabe quem é; procura descobrir-se, no ato de escrever, e se surpreende com o que vai descobrindo.

Não existe nenhuma lei que obrigue a ser assim. Ao decidir escrever, o poeta é livre para escrever sobre o que bem entenda, mas quase sempre escreve sobre si mesmo, direta ou indiretamente. Tem sido assim, desde o início. Há séculos, a poesia como forma de autoconhecimento conta, entre nós, com a força da tradição. É o que chamamos de tradição lírica, e se caracteriza pelo confessionalismo (o poeta faz confissões íntimas ao leitor) e pelo sentimentalismo (o poeta lida principalmente com suas experiências afetivas). Mas é preciso estar atento a uma armadilha. O subjetivismo inerente a essa ideia de criação poética leva muita gente excessivamente vaidosa a aproveitar a oportunidade e despejar no papel todas as suas dores de cotovelo, julgando que se trata de poesia. Ao falar de si, o poeta genuíno está à procura da verdade; o falso poeta quer apenas chamar a atenção, se exibir, se autoafirmar.

Feita a ressalva, podemos então pensar no ponto de partida: em nosso idioma, quando e como começa a poesia?

A poesia em língua portuguesa (essa língua que garante, ao longo dos séculos, a despeito de sua variedade e das transformações que tem sofrido, a nossa continuidade cultural) começa lá pelos fins do século XII, coincide com o próprio surgimento da língua, o galaico-português, e com a fundação de Portugal como nação independente. Nosso primeiro poeta conhecido chamou-se Paio Soares de Taveiros, e é um poema seu, uma "cantiga" (designação associada ao fato de que, naquele tempo, a poesia era cantada[1]), o primeiro de que se tem notícia. Começa assim:

No mundo non me sei parelha
mentre me for como me vai
ca já moiro por vós, e ai...

Português arcaico, umas palavrinhas difíceis, não é mesmo? *Parelha* equivale a *pareil* (francês), significa "parecido", "semelhante"; *mentre* é o mesmo que *mientras* (espanhol), quer dizer "enquanto"; *ca* é o mesmo *car* (francês), conjunção causal, "porque"; *moiro* é forma antiga de "morro", primeira pessoa do verbo morrer; *sei* está empregado no sentido de "conheço" e subentende como objeto "ninguém"; *for* tem um sujeito subentendido, que poderia ser, por exemplo, "vida". O resultado seria este:

1 Eis aí uma das razões pelas quais sugeri, na introdução, primeiro dizer em voz alta, depois interpretar.

No mundo não conheço [ninguém] parecido comigo
enquanto [a vida] for para mim como tem sido,
porque já morro por vós, e ai...

Nosso primeiro poeta se considera uma raridade, um ser único, não conhece ninguém que se iguale a ele. Por quê? Você reparou naquele "já morro por vós" e no suspiro que vem em seguida? Pois é... Ele acha que é assim *por causa dela*. E isso também faz parte da tradição: morrer de amor, morrer por amor. Ele se apaixona, ela não lhe corresponde, ele então apela: se você não der um jeito, eu sou capaz de morrer... Temos aí dois tópicos fundamentais. Primeiro, o exagero, figura de linguagem que a retórica chama de hipérbole. Desde Paio Soares até nossos dias, esse é um traço comum à poesia lírica, ou, quem sabe, ao sentimento amoroso, em si, qualquer coisa como: "quem ama exagera". Depois a fixação no tema do amor fracassado. Você já leu poesia – boa poesia, quero dizer – que fale do amor satisfeito e realizado, que fale da felicidade conjugal, tudo cor-de-rosa? Mas esses tópicos vão ser examinados mais adiante. Fiquemos, por ora, com a questão do autoconhecimento.

Nos séculos seguintes, até o fim da Idade Média e durante o Classicismo, que vai até meados do século XVIII, o poeta continua a tecer variações em torno da ideia exposta por Sá de Miranda, no poema transcrito na abertura deste capítulo, "Comigo me desavim", que significa "me desentendi comigo mesmo". Que ideia é essa? Sendo (ou considerando-me, dá no mesmo) diferente de todo mundo, não encontro ninguém que se pareça comigo; a cada tentativa de me conhecer, isto é, a cada poema, fico mais surpreso e perplexo. Não sei quem sou... Por isso, sou *imigo* (inimigo) de mim mesmo.

Nos séculos clássicos, tudo isso é expresso com dignidade, seguindo a crença corrente de que o homem, em geral, é um ser superior, senhor absoluto da Natureza, da ciência e da arte. A autoimagem do poeta, nesse período, pode ser negativa, porque afinal sempre fala em tristeza, sofrimento e solidão, mas não esconde uma ponta de orgulho, exatamente por mostrar o poeta como um ser diferente do resto das pessoas, além de fazê-lo com sobriedade, equilíbrio e moderação. São justamente essas as características básicas do Classicismo, que prega o controle das emoções pela razão.

Mas depois eclode a revolução romântica, dando início ao processo de liberação. Se o poeta é tão diferente das demais pessoas, então deve assumir essa diferença e afirmar sua personalidade individual; nada de tentar ver em si o ser humano em geral. A sensação desconfortável, traduzida por Sá de Miranda de forma lapidar ("não posso viver comigo / nem posso fugir de mim"), não se origina dos sentimentos? Então, por que cerceá-los? Por que impor a eles o controle da razão? Pensando dessa forma, o poeta romântico perde o pudor e tenta mostrar toda a gama de sentimentos por ele experimentados, por mais contraditórios e desencontrados que sejam. Por isso predominam, no Romantismo, o desespero, a aflição, a instabilidade, a sensação de desamparo absoluto, que leva a maioria dos seus poetas a afirmar que preferem a morte.

Muitos chegam mesmo a morrer jovens, por se sentirem irremediavelmente inadaptados. O autoconhecimento empreendido por eles, agora de base emocional, resulta na confirmação angustiada daquilo que Paio Soares já afirmara no século XII: "No mundo non me sei parelha" (não conheço ninguém semelhante a mim). Então, se a alternativa é viver uma vida infeliz, o melhor é morrer. Mas mesmo os que não morreram jovens defenderam esse pensamento. Vem dos românticos (na verdade, como vimos, vem de muito antes), e predomina ainda hoje, a ideia de que os poetas são seres excêntricos, estranhos, diferentes do resto da humanidade.

Do Romantismo até os nossos dias, a poesia lírica voltada para o autoconhecimento vai se tornando cada vez mais estranha. Na tentativa de responder à inocente pergunta "Quem eu sou?", o poeta se afasta da ideia geral de humanidade, para mergulhar fundo naquilo que o caracteriza como indivíduo singular, com todas as suas peculiaridades e idiossincrasias. A imaginação corre acelerada e liberta. A resposta, que poderia ser simplesmente "Sou um homem", "Sou uma mulher", "Sou isto ou aquilo", é logo substituída por esta outra: "Sou poeta". Na poesia moderna, isto é, na poesia posterior ao Romantismo, antes de se interessar pelas coisas, o poeta se interessa pela sua condição de poeta, pois é essa condição que lhe propiciará, se ele for capaz de defini-la, a sua identidade. À pergunta "Quem eu sou?", o poeta moderno invariavelmente responde: sou ilógico, irracional, contraditório, estranho, excêntrico etc. Ser humano é mais do que ser poeta? Ser poeta é mais do que ser humano?

Em suma, o autoconhecimento, sobretudo na poesia moderna, está longe de ser a constatação de alguns atributos firmes e claros, comuns a toda a humanidade; é uma espécie de aventura, um mergulho no desconhecido. Uma das causas disso é a consciência que têm os modernos, e não só os poetas, assim expressa, de maneira exemplar, pelo filósofo espanhol Ortega y Gasset (1883-1955): "Eu sou eu mais minha circunstância". O homem moderno tem consciência aguda do relativismo de todas as coisas. O que eu sou hoje não é o mesmo que fui ontem, nem o que provavelmente serei amanhã; o que eu sou, diante de você, aqui e agora, não é o mesmo que sou diante de A ou B, um pouco antes ou um pouco depois. Eu danço conforme a música, vario, mudo, me transformo. Ainda que o quisesse, não poderia ser sempre o mesmo. Esse é o tipo de autoconhecimento de que fala a poesia moderna.

O ponto culminante desse processo é a multiplicação da personalidade, a sensação de não ser um só, mas vários, como vemos em Fernando Pessoa, poeta cuja obra se distribui por vários "heterônimos" (Alberto Caeiro, Ricardo Reis, Álvaro de Campos e muitos outros), cada qual com personalidade própria. Mas, para entender isso tudo, nada melhor do que analisar um poema em que o poeta exatamente se esforça em definir o que é; um poema nitidamente voltado para o propósito do autoconhecimento – e, já agora, em linguagem acessível a todos nós.

POÉTICA

De manhã escureço
De dia tardo
De tarde anoiteço
De noite ardo.

A oeste a morte
Contra quem vivo
Do sul cativo
O este é meu norte.

Outros que contem
Passo por passo:
Eu morro ontem

Nasço amanhã
Ando onde há espaço:
– Meu tempo é quando.

VINICIUS DE MORAES [Rio de Janeiro: 1913–1980]. *Poesia Completa e Prosa*, 2ª ed., Rio de Janeiro, Nova Aguilar, 1976, p. 277.

AO PRIMEIRO CONTATO, O POEMA DE VINICIUS DE MORAES nos deixa desconcertados: umas frases enigmáticas, de sentido obscuro ou, até, aparentemente sem sentido. Não conseguimos atinar com o que o poeta quer dizer. Mas não se desespere, poesia é assim mesmo. Desconfie, isto sim, daqueles poemas que você entende logo, sem dificuldade. Ou é poesia superficial ou você pensa que entendeu...

É preciso vencer a tentação de descobrir, logo de saída, o significado de "De noite ardo", "O este é meu norte", "Eu morro ontem" ou qualquer das intrigantes afirmações de que o poema é composto. Vamos pensar no texto, primeiro, como um todo, tentando apreender sua organização geral e talvez seu sentido geral, começando por constatar o óbvio: trata-se de uma voz pessoal, um sujeito falando de si mesmo, enumerando uma série de características parciais, suas, que uma vez somadas funcionariam como autodefinição. Do ponto de vista sintático, as frases são simples e diretas, o vocabulário é comum, a linguagem enxuta, nenhuma complexidade de construção, como se o poeta estivesse fazendo afirmações elementares. O conteúdo dessas afirmações, porém, nega tudo isso: são ideias estranhas e inesperadas, algumas francamente ilógicas ou antinaturais.

Apesar do desconforto causado pela ilogicidade de várias das suas partes, o texto parece ter certa organização geral de sentido, dividido que está em três segmentos. A primeira estrofe fala do *tempo*, em sequência natural (manhã, dia, tarde, noite): o tempo que passa. Digamos que nesse primeiro segmento o Eu vai se situando em relação ao que é dinâmico, ao que evolui e se transforma. No segundo, formado pela segunda estrofe – partes iguais, portanto, quatro versos para cada um dos dois primeiros segmentos –, ele vai aos poucos se situando em relação ao *espaço* geográfico em seu redor, estático, os pontos cardeais (norte, sul, este, oeste). Finalmente, nas outras duas estrofes, somadas, o poema introduz a noção de *movimento* praticado por ele ("Passo por passo", "Ando onde há espaço"), sendo que o último verso retoma a ideia-base do primeiro segmento ("Meu *tempo* é quando"), sugerindo que o movimento é circular: segue em determinada direção mas retorna ao ponto de partida.

Já começa a fazer algum sentido, não é verdade? Podemos então examinar aquelas frases enigmáticas, sem perder de vista o sentido geral ao qual elas devem estar subordinadas. A primeira providência é aceitar que a maioria dessas frases não pode ser tomada ao pé da letra. Elas possuem sentido figurado, isto é, dizem uma coisa para representar ou *figurar* outra. Não estamos diante de expressões literais, mas de figuras de linguagem. Como decifrá-las? Tentar adivinhar, na base do "eu *acho* ou *sinto* que ele quis dizer isto ou aquilo", é perda de tempo. É preciso entender seu mecanismo lógico.

Pausa para explicação.

Toda figura de linguagem resulta, essencialmente, de uma comparação, e comparar é aproximar dois termos: A é *como* B. Depois de beijar a namorada, o poeta pode dizer: "Ela tem (A) os lábios doces como (B) o mel". A doçura do mel todo mundo conhece; já os lábios da namorada, em princípio, só o próprio poeta. Então, para nos dar uma ideia de como são esses lábios, ele os compara ao mel. Nós então passamos a entender o termo A a partir do que sabemos de B. Simples, não? O que pode complicar um pouco é que nem sempre a comparação é explícita. Às vezes o poeta elimina o "como" e diz apenas: "Ela tem lábios de mel". Na verdade, quem diz mais ou menos isso é José de Alencar, o romancista, na abertura de *Iracema*. (Como você vê, poesia não é monopólio dos poetas.) É o que acontece no poema de Vinicius, praticamente em todos os versos. Cada afirmação contém uma comparação implícita.

"De manhã escureço" deve ser entendido como: "De manhã é como se eu escurecesse", "De manhã, eu me sinto como se estivesse escurecendo". Para a maioria das pessoas (aqueles "outros" que contam "passo por passo", como lemos na terceira estrofe), a manhã que nasce, com o sol iluminando as coisas, sugere alegria, boa disposição, otimismo; para o poeta, é o contrário: ele se sente desanimado, indisposto, sombrio, ou apenas sonolento. Durante o dia, que prolonga a claridade da manhã, a disposição melhora um pouco: ele já não "escurece", apenas "tarda", ou seja, adota um ritmo lento, arrastado, de quem está em compasso de espera, adiando as decisões. "De tarde", quando o dia vai morrendo e, com ele, a luminosidade, já não há surpresa: ele acompanha a evolução natural das horas e "anoitece". Anoitece para quê? Para dormir ou "escurecer", como toda gente? Não! O poeta volta a nos surpreender: de noite ele não dorme, "arde". Outra vez, a comparação implícita: "De noite é como se eu ardesse", de noite ele se sente em chamas, é como se sentisse uma espécie de fogo brotar dentro de si. Com isso ele ganha a vantagem de iluminar a noite escura com sua luz própria, enquanto os "outros" dependem da luz de fora, a do sol da manhã, ou a artificial.

Fogo? Chama? Fácil entender, não é mesmo? Grandes paixões, sede incontrolável de viver emoções fortes e intensas... Ou seja, só de noite – por causa do seu mistério, a atração do desconhecido, o apelo do sonho – é que o poeta experimenta, mas com muito mais intensidade, aquela reação que o comum das pessoas costuma ter de manhã, quando um novo dia nasce, fazendo renascer as esperanças e tudo o mais. Como de dia isso é mais ou menos óbvio, determinado de fora para dentro, o poeta se mostra indiferente e, de manhã, acha melhor escurecer. Ele prefere a noite, seu ambiente predileto, que é quando os "outros" simplesmente dormem, enquanto ele leva às últimas consequências a vontade e o prazer de viver, de resto comuns a toda criatura.

A sequência do poema reforça e desenvolve a ideia que detectamos no primeiro segmento, e tudo ganha um sentido rigorosamente lógico. Por que "a oeste a morte"? Porque é lá que o sol se põe, abrindo espaço para a noite. Vimos que "arder" pode ser entendido como "iluminar" ou viver intensamente, o que equivale a pôr ênfase no valor positivo da chama: luz e calor. Repare agora na cadeia que se arma neste verso: oeste-crepúsculo-noite-arder = morte. Por quê? Porque a ênfase agora é colocada no valor negativo: arder também significa queimar, consumir-se, virar cinza. Mas isso não quer dizer pessimismo, nem morbidez. O verso seguinte afirma que o poeta vive contra o oeste, ou contra a morte.

Contraditório, não é mesmo? Já tínhamos deduzido que ele prefere a noite ao dia, por causa dos seus aspectos positivos. Mas ao mesmo tempo vive contra ela, pois sabe do preço a pagar pela vida intensa que almeja.

Pense no contrário. Pense nos "outros", que de noite dormem e de manhã acordam cheios de vida. Para o poeta, sentir esperança e vontade de viver, só porque a manhã raiou, é sinônimo de inércia e passividade. Para ele, essa vontade precisa brotar de dentro, em vez de ser simplesmente estimulada de fora, ainda que isso represente um desgaste excessivo – morrer um pouco toda noite –, pois só assim a vida adquire seu sentido pleno, de luta contra a morte, como afirma o segundo verso da segunda estrofe. Mas ele vive preso ao sul: "Do sul cativo". Por quê? Nossos amigos astrônomos torceriam o nariz, mas o senso comum associa o sul ao que está embaixo, à terra firme, portanto, às coisas concretas e materiais da vida. Esse é o cativeiro do poeta. Ele é um sonhador, sem dúvida, só que sonha de pés no chão. Então podemos corrigir: o poeta é um ser contraditório, não sabe ter sentimentos mornos, equilibrados, aposta sempre nas grandes paixões; ama os extremos e busca reuni-los numa síntese conciliadora, que ele sabe impossível. Mas não desiste...

Os "outros" se deixam guiar pelo norte, de acordo com o sentido comum atribuído aos pontos cardeais. Já o poeta prefere ser guiado pelo este, porque é lá que o sol nasce. Enquanto caminha na direção do sol que vai nascer, o poeta está envolvido pela escuridão da noite, atendendo ao apelo de vida plena que esta representa para ele. Os "outros" são cautelosos, contam "passo por passo", com medo de se arriscar, medo de se desviar das normas, das regras, das leis. Para o poeta é o contrário, ele faz questão de transgredir as leis – da física, da natureza, da sociedade: "Eu morro ontem / Nasço amanhã"... Mas, para provar que tem uma consciência muito lúcida da realidade, ele diz que anda "onde há espaço". Você não sente aí alguma ironia? Seria possível andar onde não houvesse espaço? Andar não pressupõe necessariamente um espaço a ser percorrido? O que o poeta está querendo dizer, na verdade, é que basta encontrar um espaço, qualquer espaço, para começar a andar. Seus passos não são "contados", isto é, premeditados, como os dos "outros". Ele decide no ato: o espaço se oferece e ele se põe em movimento, mesmo e sobretudo sem saber onde vai dar. A verdade das coisas talvez não esteja no ponto de chegada (existirá algum, além da morte?), nem no ponto de partida, mas no percurso em si.

Por isso ele encerra o poema voltando ao início, o tempo: "Meu tempo é quando". Ironia, outra vez. O raciocínio que se pode fazer aqui é semelhante ao anterior, a propósito do "Ando onde há espaço". Agora acrescente isto: voltar ao início sugere que tudo sempre recomeça, é preciso percorrer muitas vezes, infinitas vezes, o mesmo caminho, que só parecerá o mesmo para os outros: para o poeta, a cada vez é um caminho novo. É que o seu tempo é o tempo das circunstâncias. "Quando", segundo a gramática, não é justamente um advérbio, uma dessas palavrinhas que exprimem circunstância? Então como fica? Simples: no tempo de vida do poeta, não é aquilo que acontece mas o momento em que acontece – ou seja, o clima, a circunstância – que realmente importa.

Agora veja a surpresa, a meu ver, a mais bela, que o poeta colocou logo no início, mas que só percebemos depois de lido o poema todo: o título. "Poética" não quer dizer, como adjetivo, "relativo à poesia"? Ou, como substantivo, "concepção de poesia"? Um poema com esse nome não deveria ter por assunto a própria poesia? A gente relê tudo, com mais atenção, e confirma: não existe aí nenhum verso, uma só palavra, que sequer indiretamente faça qualquer alusão à poesia. O poeta fala de si, o tempo todo; expõe, digamos assim, sua filosofia de vida. Então, por que "Poética"?

Pois é... Você chegou lá, não é mesmo? O título, para começo de conversa, sugere que, vivida segundo a perspectiva aí exposta, a vida ganha a dimensão superior da poesia – que não seria só a habilidade de lidar com palavras e escrever poemas, mas também um modo de viver, uma atitude perante a vida. Ao esboçar sua autodefinição (escureço, tardo, anoiteço, ardo, vivo, morro, nasço, ando...), o poeta põe ênfase nos valores que ele considera os mais preciosos: a insubordinação, a liberdade individual, a disponibilidade, a imaginação, o prazer da aventura, o desejo de vida plena e assim por diante. Pois bem, o título insinua que tais valores vigoram tanto para a existência quanto para a poesia, e que não vale a pena perder tempo com esta última, caso ela não esteja intimamente ligada à vida.

Sabendo o que sabemos de Vinicius de Moraes (poeta, bacharel em direito, diplomata, crítico de cinema, cronista, dramaturgo, compositor, cantor, músico, *showman*, boêmio, amante de muitas mulheres), você tem conhecimento de uma vida tão poética, ou de uma poesia tão vivida?

EXERCÍCIO DE CRIAÇÃO

1

Tome o primeiro verso do poema de Sá de Miranda, "Comigo me desavim" (ou outro, que no mesmo poema lhe tenha chamado a atenção), e trate de desdobrá-lo em outras afirmações, similares ou contrárias, associando-o livremente a ideias, sentimentos ou imagens que tenham a ver com a definição que você faria de você mesmo. Se você rimar, o exercício pode ficar mais interessante. E não se esqueça de explorar a sonoridade das palavras.

2

Aproveite (imite, mesmo) o jeito como Vinicius de Moraes, nesse poema, faz afirmações ilógicas ou antinaturais e componha uma série de definições absurdas sobre você mesmo, ou sobre qualquer motivo da sua vida cotidiana. Exagere na falta de sentido, mas lembre-se: um bom leitor vai acabar decifrando alguma coisa. Rimar ou não rimar, é com você. Mas, já que estamos lidando com Vinicius, musicalidade é fundamental.

II

AUTOCONHE
CIMENTO**PA**
ISAGEMNA
TURALDEVA
NEIOCOTI
DIANOBELE
ZAINFÂNCIA
AMORMOR
TEOEUEO
OUTROAPRÓ
PRIAPOESIA

II

PAISAGEM NATURAL

DE TARDE

Naquele pic-nic de burguesas,
Houve uma coisa simplesmente bela,
E que, sem ter história nem grandezas,
Em todo o caso dava uma aguarela.

Foi quando tu, descendo do burrico,
Foste colher, sem imposturas tolas,
A um granzoal azul de grão-de-bico
Um ramalhete rubro de papoulas.

Pouco depois, em cima duns penhascos,
Nós acampamos, inda o Sol se via;
E houve talhadas de melão, damascos,
E pão-de-ló molhado em malvasia.

Mas, todo púrpuro a sair da renda
Dos teus dois seios como duas rolas,
Era o supremo encanto da merenda
O ramalhete rubro das papoulas!

CESÁRIO VERDE [Lisboa: 1855–1886]. *Obra Completa*, 2ª ed. Lisboa, Portugália, 1970, p. 75.

AO LONGO DA HISTÓRIA DA POESIA, O MERGULHO NO mundo interior, que detectamos no tema do autoconhecimento, costuma vir acompanhado do seu contraponto: o voltar-se para fora. Movimentos opostos, voltar-se para dentro e voltar-se para fora, em poesia, frequentemente se cruzam e se complementam, quando não se confundem.

O fato de encontrar no próprio Eu um dos seus temas prediletos não quer dizer que o poeta seja um indivíduo trancado em si mesmo, sem qualquer contato com o mundo exterior. "Eu sou eu *mais a minha circunstância*", não é mesmo? Ao buscar o autoconhecimento, o poeta sabe que isso o levará a entrar em contato com a realidade que o cerca. Conhecer-se é sinônimo de *situar-se*. Tradicionalmente, a realidade que cerca o poeta, e onde ele pensaria de imediato em se situar, é a Natureza.

Um dos poemas mais antigos da língua é uma "cantiga de amigo", composta pelo rei d. Dinis (1261-1325), em que uma donzela se dirige à natureza, às flores do pinheiro, perguntando-lhes se têm notícias do seu namorado, se sabem onde ele está ("Ai, Deus, e u é?"):

Ai flores, ai flores do verde pino,
Se sabedes novas do meu amigo,
Ai, Deus, e u é?

Este é um dos expedientes mais comuns, do qual lançam mão os poetas de todos os tempos: invocar a Natureza, tomando-a como confidente ou cúmplice. O sentido figurado do diálogo é claro: ao conversar com as flores (as florestas, os astros, as ondas do mar, os rios, os pássaros...), o poeta busca simbolizar aí o seu interlocutor ideal, que ele esperaria encontrar entre os humanos. Mas como o teor de suas confidências, isto é, o seu mundo interior, é extremamente complexo, ninguém seria capaz de compreendê-lo ou ajudá-lo. Daí ele se dirigir à Natureza, atitude que traduz acima de tudo o desejo de comunicação, que ele reconhece, se não impossível, pelo menos muito difícil.

Com quem o poeta deseja comunicar-se? Quando se dirige à Natureza, já vimos, está apenas sonhando com um interlocutor inexistente. Às vezes (e isto já vale para a poesia de todas as épocas, não só para a dos trovadores medievais, como na cantiga de d. Dinis) ele se dirige à amada, a algum parente ou amigo, a um objeto qualquer; às vezes se dirige a um "tu", a um "vós" ou a um "você", que não sabemos quem seja; às vezes se dirige a si próprio. Outras vezes, não se dirige a ninguém, nem a nada, apenas *fala de* alguma coisa. Em qualquer caso, o poeta espera comunicar-se, pelo menos com o leitor.

A propósito, cabe assinalar que, ao ler um poema, dificilmente você conseguirá comportar-se como observador neutro, incógnito. Não tenha ilusões: o poeta sabe da sua existência. O que o poema diz, seja o que for, é *a você* que está sendo dito. Ao se aproximar de qualquer poema, você perceberá que já estava incluído no seu espaço figurado, desde sempre. É com você que o poeta espera comunicar-se.

Em nossa língua, durante séculos, a Natureza foi sempre isto: interlocutor simbólico do poeta. Ou então mero cenário, paisagem mais ou menos neutra, registro de uma circunstância exterior, onde o poeta pretende situar o seu autoquestionamento. Mas houve épocas em que a paisagem natural ganhou dimensão filosófica, passando a representar um ideal de harmonia, equilíbrio e simplicidade, por oposição à agitação da vida urbana. Horácio, poeta latino (século I a.C.), recomenda: *Fugere urbem et vivere in aurea mediocritate*, ou seja, "Fugir da cidade para viver em mediocridade plena". Horácio não recomenda que sejamos medíocres, não no sentido que a palavra tem hoje. "Mediocridade", para ele, era uma virtude suprema: o meio-termo ou termo-médio, aquilo que se localiza num ponto equidistante dos extremos, ou seja, um ideal de moderação, equilíbrio e harmonia. Os antigos achavam que esse ideal só poderia ser atingido em contato direto com a Natureza, jamais nos conturbados ambientes urbanos. (Estranho isso – não é mesmo? – de falarmos em "conturbados" ambientes urbanos do século I antes de Cristo... O que pensaria Horácio das cidades verdadeiramente caóticas dos tempos atuais?)

Por isso a paisagem campestre tem uma presença tão marcante na poesia de todos os tempos, quer o poeta a invoque, quer simplesmente a descreva, tomando-a como cenário ideal. No século XVIII, com o Arcadismo e o Neoclassicismo, isso virou moda. Daí, por exemplo, nosso árcade Tomás Antônio Gonzaga, em Vila Rica, Minas Gerais, descrever um cenário onde há neve, choupos e álamos.

Tal como acontece em relação ao tema do autoconhecimento, o Romantismo também revolucionou a maneira como os poetas passaram a se referir à paisagem. Exageradamente subjetivos, os românticos tomam a Natureza como prolongamento do seu próprio Eu. A paisagem deixa de ser mero interlocutor simbólico ou simples cenário, para se tornar representação metafórica dos estados interiores do poeta, como se fosse uma espécie de espelho onde o poeta vê refletida não a sua imagem real, mas a ideal.

Agora repare no poema levemente irônico de Cesário Verde, "De Tarde". É outra coisa, não é mesmo? Ele não invoca a paisagem, não lhe faz confidências, não chega propriamente a descrevê-la nem a vê como espelho. De onde vem a ironia? De um lado, temos a sugestão de uma figura feminina, frágil e delicada, que os conservadores considerariam a figura "poética" e "sublime" por excelência, e por isso mesmo tal figura vem a ser lugar-comum, em termos de criatividade poética. De outro, contrastando com isso, temos a banalidade vulgar das referências ao piquenique (o poeta grafa "pic-nic", mas é a mesma coisa), ao grão-de-bico, ao burrico, às talhadas de melão, ao pão-de-ló... É que Cesário já não se deixa mais seduzir pela idealizada fantasia do Romantismo.

Após a exaltação melodramática, encenada pelos românticos, os poetas voltam, pouco a pouco, a abrir os olhos para a realidade e começam a descobrir a equação já mais de uma vez lembrada, a ser proposta, no séc. XX, por Ortega y Gasset (desculpe-me insistir nisso, mas é fundamental): "Eu sou eu mais minha circunstância". A paisagem continua a interessar à poesia, só que não mais para representar uma projeção do Eu, e sim para estabelecer com esse mesmo Eu o necessário contraponto objetivo.

É o que acontece no caso de Cesário Verde, um precursor. A

poesia moderna não terá mais preconceitos contra aspectos vulgares ou prosaicos da Natureza. A donzela medieval, personificada na cantiga de d. Dinis, invoca as delicadas flores do pinheiro, mas um poeta moderno invocaria, talvez, um ramo de urtigas ou uma alcachofra, para compor, quem sabe, uma paródia, mas também para extrair daí alta e elevada poesia lírica. O que vale agora é a interação entre o dentro e o fora, o intercâmbio entre as perplexidades interiores do poeta e as sugestões da paisagem, ou recortes de paisagem, sobre os quais ele lance o olhar.

Tendo evoluído ao longo dos séculos, tendo se beneficiado dos exageros da revolução romântica, a poesia da Natureza, no Modernismo, nos ensina, entre outras coisas, que nada é poético *em si*, nem dentro nem fora do poeta. A qualidade poética nasce com o poema e depende do modo como o poeta encara a si mesmo, em sua relação com as coisas circundantes. E depende também, é claro, do modo como tudo isso é concretizado em palavras.

LEMBRANÇA RURAL

Chão verde e mole. Cheiros de selva. Babas de lodo.
A encosta barrenta aceita o frio, toda nua.
Carros de bois, falas ao vento, braços, foices.
Os passarinhos bebem do céu pingos de chuva.

Casebres caindo, na erma tarde. Nem existem
na história do mundo. Sentam-se à porta as mães descalças.
E tão profundo, o campo, que ninguém chega a ver que é triste.
A roupa da noite esconde tudo, quando passa...

Flores molhadas. Última abelha. Nuvens gordas.
Vestidos vermelhos, muito longe, dançam nas cercas.
Cigarra escondida, ensaiando na sombra rumores de bronze.
Debaixo da ponte, a água suspira, presa...

Vontade de ficar neste sossego toda a vida:
bom para ver de frente os olhos turvos das palavras,
para andar à toa, falando sozinha,
enquanto as formigas caminham nas árvores...

CECÍLIA MEIRELES [Rio de Janeiro: 1901–1964]. *Obra Poética*, 2ª ed.,
Rio de Janeiro, Aguilar, 1967, pp. 190-191.

VAMOS DEIXAR DE LADO, POR ENQUANTO, OS SIGNIFICAdos do poema, e pensar nele como um objeto feito de sonoridades. As palavras num texto literário também possuem som, não são apenas formas visuais, oferecidas ao entendimento conceitual. É só ler em voz alta, pausadamente, ou pedir a alguém que o faça, para você se dar conta. Um bom exercício é fingir que se trata de uma língua estrangeira. Faça de conta que você não sabe o que significa *chão*, nem *verde*, *mole*, *cheiros* e assim por diante. Tente apreender o ritmo do poema, sua melodia, a variedade de sons, o modo como as frases se encadeiam, não enquanto sentido lógico-sintático, mas enquanto massa sonora, como se fossem acordes musicais.

Quanto às pausas, a pontuação serve de guia. Já os finais de verso nem sempre marcam uma pausa. Às vezes, é preciso ligar o final de um verso ao início do seguinte, no mesmo fluxo. (É o que se chama de "encadeamento"; em francês, *enjambement*.) Isso ocorre, no poema de Cecília Meireles, entre o primeiro e o segundo verso, segunda estrofe. Você fará uma pausa depois de "erma tarde" e em seguida lerá: "Nem existem na história do mundo", ignorando a quebra de verso no meio da frase.

Repare que o ritmo do poema alterna movimentos amplos, como em "Cigarra escondida, ensaiando na sombra rumores de bronze", com movimentos breves, como no verso inicial: "Chão verde e mole. Cheiros de selva. Babas de lodo". Este primeiro verso, apesar do seu ritmo sincopado (três 61acordes breves, ritmo que se contrapõe ao fluxo contínuo de outros versos), cria uma espécie de compasso ternário, que se repete ao longo do texto, com insistência, quer se trate do ritmo sincopado, quer se trate do fluxo contínuo. Caso você tenha dificuldade para perceber isso, podemos visualizá-lo:

chão verde e mole
encosta barrenta
passarinhos
roupa da noite
flores molhadas
vestidos vermelhos
debaixo da ponte
vontade de ficar

cheiros de selva
aceita o frio
bebem no céu
esconde tudo
última abelha
muito longe
a água suspira
neste sossego

babas de lodo
toda nua
pingos de chuva
quando passa
nuvens gordas
dançam nas cercas
presa
toda a vida

Ainda estamos na superfície do texto, mas já podemos deduzir que as sonoridades variam, em grande número, e nada se repete. O andamento é irregular, desuniforme; parece que se acelera nos versos longos, de fluxo contínuo, depois retarda o passo, introduzindo pausas breves, uma atrás da outra. Tudo aí é suave, melodioso, nenhuma dureza, nenhum som áspero, nenhum atrito. A impressão geral é de leveza e delicadeza, ainda mais acentuada pelas rimas toantes.

Você não sabe o que é rima "toante"? Nada muito complicado, não. É só uma rima parcial, incompleta, gerada pela coincidência das últimas vogais tônicas. O poema de Cecília é formado por estrofes de quatro versos; em cada estrofe, o primeiro rima com o terceiro, o segundo com o quarto – só que rima toante. Observe as duplas, formadas pelas palavras finais, estrofe a estrofe:

est. 1 l**o**do / f**o**ice
n**u**a / ch**u**va
est. 2 ex**i**stem / tr**i**ste
desc**a**lças / p**a**ssa
est. 3 g**o**rdas / br**o**nze
c**e**rcas / pr**e**sa
est. 4 v**i**da / soz**i**nha
pal**a**vras / **á**rvores

Você diria, talvez, que isso não é rima, que rima, para valer, é joelho/vermelho, vida/partida, sorte/morte, e por aí vai. Se você pensa assim, saiba que é um preconceito, que começa a ser tramado no Classicismo e se torna regra autoritária no período parnasiano. Preconceito antigo, portanto, mas que perdura até hoje, levando muita gente a achar que "rima" é sinônimo de poesia. Nada mais equivocado. Muito da melhor poesia de todos os tempos tem apenas rima toante, ou simplesmente não tem rima, tem versos chamados "brancos" (sem rima), e a própria designação já é preconceituosa, como se versos rimados fossem "coloridos". Pensando bem, num sentido estritamente científico, branco não é ausência de cor, mas a soma das cores básicas, não é mesmo? Então até que o nome se aplica.

A rima toante é uma tradição antiga em língua portuguesa, e em outras línguas, conservada até hoje, sobretudo no cancioneiro popular, mas também em poetas cultos, como Cecília Meireles ou João Cabral de Melo Neto, que não alimentam esse preconceito e sabem que a rima dita "perfeita" tende a tornar monótono o poema. Monótono, repetitivo e previsível. Numa palavra: a rima toante não é uma desculpa do poeta menos habilidoso, incapaz de encontrar uma rima "perfeita". Se quisesse, Cecília rimaria direitinho, sem dificuldade. Só que a musicalidade do poema perderia parte do seu encanto, que decorre da variedade e da sutileza. Nada aí é óbvio, tudo é antes sugerido que afirmado.

Podemos então fechar esta investigação da sonoridade do texto constatando que a variedade rítmica e melódica, assim como a ausência de simetria e repetições, são contrabalançadas pela presença constante do compasso ternário que amarra o poema, conferindo-lhe um padrão unitário. No mais, sugiro que as qualidades sonoras do texto (leveza, delicadeza, fluidez, suavidade etc.) sejam consideradas figuras de linguagem. Como assim?

É só entender que essas qualidades não pertencem apenas à forma física, aos sons do poema. Cecília escolheu exatamente essas palavras, e não outras, para que suas qualidades acústicas simbolizassem a paisagem rural que o poema pretende relembrar. Essa paisagem, e por extensão o sentimento do poeta, têm os mesmos atributos já anunciados pela massa sonora. A paisagem (a própria Cecília?) é que é suave, delicada, fluida, leve... Por isso, no início da análise, pedi que você deixasse um pouco de lado os significados. A intenção era mostrar que a forma não é um elemento vazio e neutro, a ser preenchido pelos conteúdos, mas já possui significados latentes. Basta prestar atenção a ela. Assim fica mais fácil ou mais seguro chegar ao sentido do texto.

Sem ser propriamente descritivo, o poema acumula grande quantidade de referências visuais: chão verde, selva, lodo, encosta barrenta, carros de bois, braços, foices, passarinhos, céu, pingos de chuva... E estamos só na primeira estrofe... O resultado é que o leitor não tem dificuldade em imaginar, em *ver* a cena – que não é nada estática, não é como uma fotografia. Há várias indicações de movimento: carros, vento, braços, foices, chuva, as mães que se sentam à porta, a noite que passa, vestidos que dançam, uma cigarra ensaiando rumores, a água que suspira e as formigas caminhando. O poema sugere, na verdade, uma sucessão de cenas, e a comparação seria mais com o cinema do que com a fotografia. Mas cinema em câmera muito, muito lenta, não é mesmo? Quase parando.

A razão é que o poema está a serviço de um estado de espírito, um clima, uma atmosfera, a refletir mais o interior do poeta do que a paisagem com seus movimentos próprios, tão levemente insinuados que quase passam despercebidos. Esse estado de espírito, já sabemos, envolve paz, tranquilidade, serenidade, repouso. Ou "sossego", como lemos no final.

Os últimos quatro versos contêm a chave explicativa. Ao exclamar: "Vontade de ficar neste sossego toda a vida", Cecília revela o teor do impulso que alimenta o poema todo, desde o início. Desse modo, as características da cena aparentemente impessoal, até esse ponto (repare que nas três primeiras estrofes o Eu não se manifesta, como se se tratasse de poesia impessoal, objetiva), devem ser entendidas como figuração de um estado de espírito, o do poeta, que se mostra sem falar de si. Não fala, mas sugere. Só na quarta estrofe é que esse sentido se declara, abertamente. Cecília expressa a sua vontade: "ver de frente os olhos turvos das palavras". Ou seja, ela situa a sua condição de poeta, aderindo a uma concepção nitidamente neorromântica: o poeta, pelo que deduzimos do texto, é um ser que devaneia, sonha, anda à toa, fala sozinho... enquanto as formigas trabalham.

Como você vê, acaba sendo uma concepção menos moderna que a de Cesário Verde, conforme depreendemos daquela cena irônica do "pic-nic de burguesas", apesar dos quase cem anos que separam Cecília, nossa contemporânea, de Cesário, poeta do século XIX. Anacronismo? Não, não é bem isso. É que a história da poesia não segue uma evolução linear e constantemente nos surpreende com essas idas e vindas. Prepare-se: nos próximos capítulos haverá mais surpresas desse tipo.

1

Escreva um poema de amor, com grão-de-bico ou melão, como no piquenique de Cesário Verde, e acrescente cenoura, tomate, cebola; enfim, a quitanda toda, se você quiser, mas não na base do deboche. Ou seja: escreva um poema de amor a sério, sem aquelas manjadas comparações da pessoa amada com frutos "nobres" ou pedras preciosas. Mas, se você preferir, parta para o deboche, mesmo. Neste caso, o efeito cômico da rima vai ser interessante. Pensando melhor, explore os dois caminhos, um de cada vez, e veja em qual deles você se sente mais à vontade.

2

Qual é a paisagem (mar, montanha, floresta, cachoeira etc.) mais marcante que você contemplou em sua vida? *Não* escreva uma só linha a respeito. Escolha uma paisagem banal, qualquer, e mostre que ela pode ser tão marcante quanto o cenário cinematográfico em que você pensou, de início. Tente mostrar os segredos dessa paisagem não através dos adjetivos e das tiradas "filosóficas", mas por meio da forma: as sonoridades, os ritmos, as cadências ou até as rimas e a métrica. Muito difícil? Concordo. Mas o fato de algo ser difícil não é, como diz o poeta alemão Rainer Maria Rilke (1875-1926), motivo para desistir; ao contrário, é uma razão a mais para insistir.

III

AUTOCONHE
CIMENTOPA
ISAGEMNA
TURAL**DEVA**
NEIOCOTI
DIANOBELE
ZAINFÂNCIA
AMORMOR
TEOEUEO
OUTROAPRÓ
PRIAPOESIA

III

DEVANEIO

ESTUDO PARA UM CAOS

O último anjo derramou seu cálice no ar.

Os sonhos caem da cabeça do homem,
As crianças são expelidas do ventre materno,
As estrelas se despregam do firmamento.
Uma tocha enorme pega fogo no fogo,
A água dos rios e dos mares jorra cadáveres.
Os vulcões vomitam cometas em furor
E as mil pernas da Grande dançarina
Fazem cair sobre a terra uma chuva de lodo.
Rachou-se o teto do céu em quatro partes:
Instintivamente eu me agarro ao abismo.
Procurei meu rosto, não o achei.
Depois a treva foi ajuntada à própria treva.

MURILO MENDES (Juiz de Fora, MG: 1901 – Lisboa: 1975). *As metamorfoses*, in *Poesias*, Rio de Janeiro, José Olympio, 1959, p. 219.

A PRESENÇA DA NATUREZA É UMA CONSTANTE NA POESIA de todos os tempos e, no geral, reflete a atenção que o poeta dedica à realidade concreta à sua volta, embora isso possa assumir matizes variados, incluindo até mesmo distorcer ou aparentemente ignorar essa realidade, para submetê-la aos caprichos subjetivos. De qualquer modo, Natureza e paisagem aparecem no poema para manifestar, de parte do poeta, o desejo, muitas vezes apenas latente, de se integrar na realidade, de se situar em relação ao mundo das circunstâncias exteriores.

Vamos agora lidar com o impulso contrário: o desejo de se evadir do real, a vontade de passar uma borracha no hostil universo das coisas concretas e alçar voo na direção do que *aparenta ser* um universo paralelo, imaterial, fruto da livre fantasia. É o que estamos chamando de "devaneio". O poema de Murilo Mendes, "Estudo para um caos", com suas imagens fortes e inusitadas, é um bom exemplo dessa tendência.

Antes de mais nada, é preciso assinalar que, na tradição de língua portuguesa, essa tendência é praticada em escala reduzida, embora não chegue a ser propriamente rara. Suas primeiras manifestações datam do período clássico, a partir do século XVI, em harmonia com o pensamento idealista que domina a cultura do Renascimento. Simplificando: para o poeta clássico a realidade histórica e geográfica, tudo aquilo que é acessível aos sentidos, não passa de amostra precária e transitória de outra espécie de realidade, ideal, em que tudo seria perfeito, absoluto, imutável.

Imerso na precariedade das circunstâncias, o poeta clássico se concentra no aprimoramento dos dons do espírito, a fim de imaginar o que seria esse mundo ideal. Duas são as fontes que alimentam essa tendência: a filosofia – sobretudo o pensamento platônico – e a religião. Em nossa tradição lírica, dominante, o interesse por essas áreas é tido como não pertinente à poesia, dado o teor de especulação racional que envolvem. Espera-se que o poeta esteja voltado para as inquietações afetivas, para os azares e alegrias da vida sentimental, coisas do coração, e não para as indagações filosóficas ou religiosas, coisas da razão. Por isso, entre nós, a tendência é menos praticada. Ao designá-la por "devaneio", pretendo sugerir que ela não implica uma indagação intelectual rigorosa, podendo limitar-se à expressão sentimental da fantasia visionária.

Do ponto de vista histórico, mais uma vez, o marco divisório é o Romantismo. Rebeldes, insubordinados, ciosos da sua liberdade individual, os românticos abrem mão do mundo ideal, concebido pelos clássicos, passando a se interessar pela realidade histórica, aqui e agora. A perspectiva romântica, porém, marcada pelo subjetivismo radical e pelo sentimentalismo exacerbado, acaba substituindo um idealismo por outro. Enquanto o poeta clássico acredita na pertinência do mundo das *ideias*, baseado na razão universal, como na metafísica platônica, e devaneia nessa direção, o romântico investe o melhor do seu empenho nos *sentimentos* e também divaga, agora com sofreguidão, por uma espécie de realidade paralela, de que a individualidade e o amor seriam os senhores absolutos.

Mencionei antes o desejo de se evadir do real, mas podemos ser mais explícitos e falar em escapismo ou fuga. A tendência para o devaneio subentende quase sempre a negação da realidade comum. O poeta rejeita essa realidade que nos cerca, sob a alegação de que é hostil, vulgar, imperfeita ou simplesmente aborrecida, e viaja nas asas da imaginação para criar uma realidade ideal, que sirva de consolo ou substitutivo. Graças ao poder de persuasão da palavra poética, o poeta no geral alimenta a ilusão de se refugiar nessa espécie de paraíso artificial, a fim de esquecer a dura realidade, e de certo modo convida o leitor a fazer o mesmo. Acontece que muitas vezes essa aparente realidade "paralela" não é senão uma rede de símbolos que remetem de volta à realidade que nos cerca, assim como ao poeta, funcionando como certeiro diagnóstico daquilo que nos escapa. E isso já chega a ser pelo menos um esboço de critério, para se avaliar a qualidade da poesia em causa.

O Simbolismo, do final do século XIX, representa o ponto culminante dessa tendência. Pense, por exemplo, num poeta como

Cruz e Sousa (1861-1898), o nosso simbolista mais ortodoxo, com sua poesia repleta de visões místicas e refinamento espiritual. Agora compare com o poema anteriormente analisado, de Cecília Meireles, "Lembrança rural". Neste, não temos dificuldade em identificar a cena descrita, mesmo que nunca tenhamos estado nesse lugar, mesmo que esse lugar não exista e seja apenas fruto de um devaneio. Não importa. De qualquer modo, a cena nos é familiar, pois guarda estreita afinidade com a realidade que conhecemos. Não ocorre assim no caso do poeta simbolista. "Cenas" como esta:

> Clâmides frescas, de brancuras frias,
> Finíssimas dalmáticas de neve
> Vestem as longas árvores sombrias,
> Surgindo a Lua nebulosa e leve...

só nos serão familiares se por acaso estivermos habituados à mesma propensão mística e visionária de Cruz e Sousa. Se conseguirmos identificar algum elemento do poema, isso se dará num plano apenas espiritual, nada que remeta ao (ou provenha do) plano histórico e geográfico.

O pendor devaneante do Romantismo, levado às últimas consequências pelos simbolistas, deu origem, entre nós, à imagem convencional do poeta como sonhador, um ser que vive nas nuvens, alheio à realidade. Mas no mesmo período em que os "nefelibatas" (habitantes das nuvens, outro nome dado aos simbolistas) criavam esse tipo de poesia, poetas como Cesário Verde falavam do burrico e do pão-de-ló que enfeitam a cena de um piquenique de burguesas. Você já viu onde isso vai dar...

Apesar do esforço dos simbolistas, apesar do alto valor estético de poetas como Cruz e Sousa, a poesia moderna tenderá a repudiar o devaneio, a fuga, o escapismo – a não ser que essa tendência venha impregnada de... realismo, isto é, que transfigure a realidade para diagnosticá-la e não para se evadir dela. É o caso do belo poema de Murilo Mendes, em que o "caos", expresso no título e nas imagens ousadas que se seguem, traduz o caráter contraditório e inóspito da realidade que conhecemos e não qualquer universo paralelo ou artificial, como talvez pareça, no primeiro contato.

A vocação mais forte da poesia moderna é de fato uma espécie de "realismo", que não se confunde com o movimento literário assim batizado, no século XIX, mas brota de um efetivo senso do real, de um consciente apego às coisas concretas, transfiguradas pela imaginação do poeta. Entre os modernos, o escapismo devaneante, implicando fuga da realidade, só subsistirá sob formas atenuadas, como vimos, por exemplo, no poema de Cecília Meireles. Mas a tendência mais acentuada no século XX é o devaneio contaminado de rica densidade imaginativa, como na poética surrealista de Murilo Mendes, ou que agrega matizes de reflexão irônica, como veremos em seguida.

A MORTE ABSOLUTA

Morrer.
Morrer de corpo e de alma.
Completamente.
Morrer sem deixar o triste despojo da carne,
A exangue máscara de cera,
Cercada de flores,
Que apodrecerão – felizes! – num dia,
Banhadas de lágrimas
Nascidas menos da saudade do que do espanto da morte.
Morrer sem deixar porventura uma alma errante...
A caminho do céu?
Mas que céu pode satisfazer teu sonho de céu?
Morrer sem deixar um sulco, um risco, uma sombra,
A lembrança de uma sombra
Em nenhum coração, em nenhum pensamento,
Em nenhuma epiderme.
Morrer tão completamente
Que um dia ao lerem o teu nome num papel
Perguntem: "Quem foi?..."
Morrer mais completamente ainda
– Sem deixar sequer esse nome.

MANUEL BANDEIRA [Recife: 1886 – Rio de Janeiro: 1968]. *Estrela da vida inteira*, 5ª ed., Rio de Janeiro, José Olympio, 1974, pp. 163-164.

NENHUM DOS POEMAS LIDOS ATÉ AQUI ADOTA, PARA VAler, o verso livre. O de Sá de Miranda e o de Cesário Verde, pela razão óbvia de que são anteriores ao Modernismo; Vinicius, apesar de ter praticado com desenvoltura o versilibrismo, não teve preconceitos contra a versificação regular, poesia bem medida e rimada, tendo cultivado, por exemplo, o soneto, forma clássica por excelência, desprezada pelos primeiros modernistas. E comparece na nossa recolha justamente com um sonetilho, versos breves e enxutos, rima não ortodoxa, mas um soneto.

A composição de Cecília Meireles é a que mais se aproxima do verso livre, pela metrificação irregular, versos de medidas variadas. Mas sua estrofação regular (quatro quartetos) e o andamento ternário fornecem um padrão repetitivo que, reforçado pela disposição simétrica das rimas toantes, garante ao poema a uniformidade à qual o Modernismo é, no geral, refratário. No poema de Murilo Mendes, sim, já temos verso livre, mas ainda preso a cadências uniformes, discursivas, e a um forte senso de organização sintática, em vivo contraste, aliás, com a imaginação desregrada. "A morte absoluta", de Manuel Bandeira, é o primeiro decididamente moderno, dentre os escolhidos para a nossa coletânea, no que diz respeito à estrofação livre, medidas variáveis, ausência de rima, nenhum padrão repetitivo, nenhuma uniformidade ou simetria. Vamos analisar essas características, em sintonia com o tema geral deste capítulo, o do devaneio.

Devanear significa justamente permitir que a imaginação e o pensamento divaguem, à toa, sem rumo, ao sabor do acaso, livres de qualquer roteiro pré-estabelecido. O mecanismo básico do devaneio é a livre-associação e não a conexão lógica entre as ideias. Se disser "O amor promove prazer, prolonga a vida e afasta a morte", o poeta não estará devaneando, mas articulando ideias, com rigor lógico, numa cadeia de relações causa-efeito. Mas se disser "Passarinho cantando, amor antigo, a melodia não cessa", terá registrado um devaneio, por livre-associação, que não parece abrigar nexos lógicos, imediatos, entre "passarinho", "amor antigo" e "melodia". (A análise, no entanto, poderá revelar que aí se esconde algo próximo do sentido lógico exposto abertamente no exemplo anterior.)

A liberdade formal da poesia moderna parece não só adequar-se ao jogo descomprometido das associações livres, como de certo modo o impõe. Ao adotar o verso livre, o poeta sugere que não só a forma, mas o pensamento e a imaginação, também, seguirão um rumo incerto e imprevisível. Uma forma fixa, como o soneto, por exemplo, não permitiria isso, porque o poeta saberá que está preso a um roteiro rígido: dois quartetos e dois tercetos, quase sempre recortados em função do travamento silogístico de uma explanação argumentativa (pelo menos no soneto clássico); a mesma medida em todos os versos, um esquema de rimas pré-determinado – e tudo isso comprometeria a intenção de divagar à toa, sem rumo, ao sabor do acaso. Certo?

Errado.

O poema de Manuel Bandeira desmente, como veremos, o esforço interpretativo a que me dediquei, até o parágrafo anterior. Meu raciocínio é, de fato, rigorosamente lógico, e talvez tenha até soado convincente, para você. Mas parte de uma premissa falsa, que o torna insustentável. Qual é essa premissa? A de que o devaneio, além de fornecer o tema do poema, *aquilo de que* o poema fala, determinaria também sua modalidade de escrita, ou seja, o *modo como* o poeta fala.

Para escrever sob o influxo do devaneio, e caso se dispusesse a adotar uma atitude genuinamente devaneante, o poeta criaria um texto pouco legível, uma sucessão de palavras e expressões soltas, certamente desconectadas. Alguns chegaram perto, como os surrealistas, que nos anos 20 e 30 do século passado desenvolveram uma técnica por eles chamada de "escrita automática" ou "ditado do inconsciente", que consiste em registrar no papel, aleatoriamente, tudo o que vier à cabeça, sem nenhum controle, sem nenhum encadeamento lógico. É uma experiência válida, radical (Murilo Mendes, um surrealista legítimo, não chega a tanto), mas artificial, porque premeditada.

Essa técnica pode fazer as delícias da terapia psicanalítica (a livre-associação é um dos procedimentos empregados pela psicanálise tradicional, para que o paciente se revele); pode fornecer uma radiografia do subconsciente do poeta, dando muito trabalho, ao terapeuta ou ao leitor, por seu caráter enigmático, pela ausência de lógica aparente. Mas é exceção.

O poema de Bandeira nos põe em contato com um devaneio, a propósito da ideia e do sentimento da morte, mas sua escrita não é "automática" nem devaneante. Seus nexos lógicos ali estão, muito firmes, embora discretos, nas entrelinhas. Trata-se de um poema coloquial, no sentido estrito de que é constituído por uma fala, explicitamente dirigida a um interlocutor, aliás só anunciado no final da terceira estrofe: "Mas que céu pode satisfazer *teu* sonho de céu?". A quem o poeta se dirige? A mim? A você? A alguém em particular? A si próprio? Eu diria que tanto faz. Repare que essas hipóteses não se excluem, mas se complementam. Por que restringir, ficando com uma só? O importante é verificar que o poeta fala a alguém, e isso significa desejo de comunicação, impulso de vida. Se se tratasse realmente de "morte absoluta", como anuncia o título, para que escrever um poema? Para que continuar falando? O silêncio não seria mais apropriado? Como o poeta insiste em escrever, em continuar a falar, o mínimo que podemos fazer é desconfiar do sentido aparente das afirmações. Talvez o poema esteja defendendo o contrário do que parece. Daí provém o sentido de reflexão irônica, anunciado antes de iniciarmos a leitura.

O verso-chave é esse mesmo em que o interlocutor aparece pela primeira vez: "Mas que céu pode satisfazer teu sonho de céu?". Seu sentido é claro: a vida é imperfeita, a vida que nos é dado viver não satisfaz às nossas expectativas. Por isso sonhamos. Com a morte? Não, com o "céu", ou seja, com uma vida perfeita, uma vida em que se realize tudo quanto esperamos dela. Só lhe damos o nome "céu" porque as bases religiosas da nossa cultura assim o impõem, fazendo-nos crer que a perfeição e a felicidade não são deste mundo, mas de outro, *post mortem*, ou anterior ao próprio nascimento, como na metafísica platônica. Vale dizer a perfeição absoluta do mundo inteligível, que vagamente "conhecemos", antes de nascer, e de que não guardamos senão uma vaga reminiscência. Não é o que nos ensinam a nossa religião e a nossa filosofia?

Mas o poeta se recusa a aceitar essa condenação, se recusa a aceitar a ideia – esta, sim, "absoluta" – da vida como sofrimento e imperfeição irremediáveis. O "céu" almejado pelo poeta não é esse, é outro, e está aqui mesmo, latente no "coração", no "pensamento" e na "epiderme" do semelhante, com quem ele consiga estabelecer uma ligação autêntica. Impossível? Não, apenas difícil, trabalhoso. Não é uma dádiva, que tenhamos recebido ao nascer, como a vida em si, mas uma conquista que precisamos empreender, uma recompensa que temos de fazer por merecer. Por isso sua insatisfação não tem limite.

Como fazer para que a sua (dele) morte seja sentida pelos outros, não pelo "espanto da morte", como fato em si, mas pela "saudade" que ele deixasse ao partir? Qual é o "céu" ou o sonho do poeta? Parece que é deixar saudade. Seu sonho é viver, ou antes, ter vivido, com os outros, uma relação que não se apague. Se a vida tiver sido vivida em plenitude, morrer não assustará, não fará muita diferença. Algo deverá permanecer, não uma "alma errante", talvez nada para depois da morte, ninguém sabe ao certo, mas algo permanecerá, aqui, entre os que sobreviverem.

Idealismo, não é verdade? O poeta parece ter da vida uma concepção extremada. Viver não é, para ele, simplesmente deixar que os dias escoem, até que a morte sobrevenha, trazendo consigo os tabus, as crendices, os arrependimentos, as recriminações. Viver é relacionar-se, é amar, a fim de deixar "um sulco, um risco, uma sombra". Todos nós, de um modo ou de outro, nos empenhamos nisso. Raros conseguem, é verdade. Raros realizam a vida que gostariam de ter vivido. Então sonham com outra vida, pensam na morte – ideia ao mesmo tempo repelida, porque, até prova em contrário, é o fim de todas as coisas, e desejada, porque, se acreditarmos nisso, é o início de outra vida, a "verdadeira", inteiramente desconhecida de todo mortal.

Repare, por fim, que em nenhum momento o poeta afirma desejar a morte. Ele está apenas cogitando a respeito da possibilidade de morrer. Melhor ainda, está devaneando, de modo impessoal, a propósito de uma espécie de morte, que ele chama de "absoluta". Por isso, logo de saída, e até o último verso, a forma verbal empregada é o infinitivo impessoal. Compare essa atitude àquela adotada, digamos, por Álvares de Azevedo (1831-1852), no famoso poema que começa "Se *eu* morresse amanhã...".

A "morte absoluta" de Manuel Bandeira pode muito bem representar a afirmação da vida absoluta. Devaneio... O poema expressa um sonho, ao mesmo tempo ardoroso e pungente, mas ingênuo, no sentido de que, se fosse expresso abertamente, estaria negando a certeza objetiva da mortalidade. Se se tratasse de um poeta romântico, o sonho seria explicitado por via direta, não se limitaria a mencionar, quase de passagem, a lembrança deixada num coração, num pensamento ou numa epiderme, mas descreveria, digamos, as delícias do amor absoluto, impossível.

Bandeira não. Assume a consciência da morte desde o início, desde o título, o que o leva a inverter os sinais, parecendo desejar morrer, quando na verdade o que almeja é a vida plena. E a certeza da morte não o impede de continuar sonhando com essa vida, só que, como poeta moderno que é, isso será expresso obliquamente, com fina ironia. Como se ele nos dissesse: iludir-se com o sonho utópico da vida perfeita, do amor eterno e da imortalidade – eis aí a morte em vida. Se você não se interessar pelo semelhante, se não desfrutar humildemente das pequenas parcelas de amor que lhe for possível dar e receber, por imperfeitas que sejam, isso sim será a morte absoluta.

EXERCÍCIO DE CRIAÇÃO

1

O tema do "devaneio", tal como exposto aqui, vem a ser mais uma técnica – a do despiste, digamos – do que um estado de espírito. Descreva, então, um sonho ou visão que você tenha tido, mas para falar de outra coisa. Ou, ao contrário, descreva um evento qualquer, mas instilando nos versos, discretamente, algo de onírico.

2

Verso livre o poeta precisa aprender ou é só fazer? Caso nunca tenha praticado o verso metrificado, de quê o poeta se livra, ao praticar o verso livre? Escreva um poema sobre a morte, em versos bem "presos" (o mesmo número de sílabas, as tônicas sempre nos mesmos lugares), e rimados. Aí você saberá – aquele "saber só da experiência feito" – que, ao se livrar *de*, é preciso estar apto a ser livre *para*.

IV

AUTOCONHE
CIMENTOPA
ISAGEMNA
TURALDEVA
NEIO**COTI**
DIANOBELE
ZAINFÂNCIA
AMORMOR
TEOEUEO
OUTROAPRÓ
PRIAPOESIA

IV

COTIDIANO

EU, ETIQUETA

Em minha calça está grudado um nome
que não é meu de batismo ou de cartório,
um nome... estranho.
Meu blusão traz lembrete de bebida
que jamais pus na boca, nesta vida.
Em minha camiseta, a marca de cigarro
que não fumo, até hoje não fumei.
Minhas meias falam de produtos
que nunca experimentei
mas são comunicados a meus pés.
Meu tênis é proclama colorido
de alguma coisa não provada
por este provador de longa idade.
Meu lenço, meu relógio, meu chaveiro,
minha gravata e cinto e escova e pente,
meu copo, minha xícara,
minha toalha de banho e sabonete,
meu isso, meu aquilo,
desde a cabeça ao bico dos sapatos,
são mensagens,
letras falantes,
gritos visuais,
ordens de uso, abuso, reincidência,
costume, hábito, premência,
indispensabilidade,
e fazem de mim homem-anúncio itinerante,
escravo da matéria anunciada.

Estou, estou na moda.
É doce estar na moda, ainda que a moda
seja negar minha identidade,
trocá-la por mil, açambarcando
todas as marcas registradas,
todos os logotipos do mercado.
Com que inocência demito-me de ser
eu que antes era e me sabia
tão diverso de outros, tão mim-mesmo,
ser pensante, sentinte e solidário
com outros seres diversos e conscientes
de sua humana, invencível condição.
Agora sou anúncio,
ora vulgar, ora bizarro,
em língua nacional ou em qualquer língua
(qualquer, principalmente).
E nisto me comprazo, tiro glória
de minha anulação.
Não sou – vê lá – anúncio contratado.
Eu é que mimosamente pago
para anunciar, para vender
em bares festas praias pérgulas piscinas,
e bem à vista exibo esta etiqueta
global no corpo que desiste
de ser veste e sandália de uma essência
tão viva, independente,
que moda ou suborno algum a compromete.
Onde terei jogado fora
meu gosto e capacidade de escolher,
minhas idiossincrasias tão pessoais,

tão minhas que no rosto se espelhavam,
e cada gesto, cada olhar,
cada vinco da roupa
resumia uma estética?
Hoje sou costurado, sou tecido,
sou gravado de forma universal,
saio da estamparia, não de casa,
da vitrina me tiram, recolocam,
objeto pulsante mas objeto
que se oferece como signo de outros
objetos estáticos, tarifados.
Por me ostentar assim, tão orgulhoso
de ser não eu, mas artigo industrial,
peço que meu nome retifiquem.
Já não me convém o título de homem.
Meu nome novo é coisa.
Eu sou a coisa, coisamente.

CARLOS DRUMMOND DE ANDRADE [Itabira, MG: 1902 – Rio de Janeiro: 1987]. *Corpo*, Rio de Janeiro, Record, 1984, pp. 85-87.

A PROPENSÃO DEVANEANTE, SOBRETUDO EM SUA FORma extremada, o escapismo, conduz a um plano rarefeito, em que prevalecem as abstrações. Mesmo no caso do devaneio de Manuel Bandeira, poeta firmemente ancorado na realidade, como vimos, de que coisas fala o poema "A morte absoluta"? A vida, a morte, o amor, o desejo, a insatisfação, a humildade, e assim por diante. Tudo abstrações, não é mesmo? Diante do texto, nossa percepção sensorial, isto é, nossa capacidade de apreender formas e cores, cheiros e volumes, não tem muito que fazer. O poema convoca acima de tudo nossa atenção intelectual.

Em várias épocas, e para muita gente ainda hoje, seria exatamente essa a função da poesia: induzir-nos a abstrair a banalidade do mundo concreto, a fim de alçar voo na direção do universo imaterial, criado pela fantasia do poeta. Mas, já sabemos, nem sempre é assim. Muitas vezes a poesia se volta para a realidade imediata, invertendo-se a equação enunciada no parágrafo anterior. Quando isso se dá, aí sim, nossa percepção sensorial é solicitada a intervir. Só assim poderemos apreciar devidamente o poema. Mas, se for um bom poema, a leitura não se esgotará nesse passo, e prosseguirá, no rumo da percepção intelectual.

Estou pensando, é claro, na poesia moderna, em que a presença dos objetos e da vida cotidiana é uma constante. Veja o poema de Drummond, "Eu, Etiqueta". Você acha que as banalidades do dia a dia, aí referidas – calça, blusão, camiseta, meia, tênis, lenço, relógio, chaveiro, gravata, xícara, sabonete e tudo o mais –, constituem indício de superficialidade, mero registro das vulgaridades que nos cercam? Evidentemente não. O que aí se destaca é a postura crítica, a revolta, a sutil reflexão sobre a condição humana, em geral, submetida ao império do consumismo.

Mas não foi sempre assim. Houve épocas em que a presença

desses objetos, ou seus equivalentes, em poesia, era sinônimo de vulgaridade, tão descartável quanto os motivos que lhe tinham dado origem. Foi o caso da poesia "de circunstância", como era chamada no período barroco, quando os poetas versejavam sobre "Uma freira que lhe mandou um mimo de doces", "Uma dama com dor de dentes", "Um amigo, pedindo-lhe a sua caixa de tabaco" ou "Uma vaca chamada Camisa", e ficavam nisso mesmo.

O eufemismo criado na época, "gênero gracioso", dá bem a ideia de que essa poesia ligada às futilidades do cotidiano não devia ser confundida com a poesia lírica ou religiosa, devendo ser logo esquecida, depois de gerar sua eventual graça momentânea.

Uma variante oportunista dessa modalidade de versejação foi a chamada poesia laudatória ou encomiástica, eufemismos também. Era bajulação pura e simples. Poetas sem conta, do século XVI ao XIX, dedicaram elogios metrificados a todo e qualquer evento ligado à vida familiar ou pública dos donos do poder. Exemplo clássico é o do poeta mineiro José Basílio da Gama (1741-1795). Preso no Rio de Janeiro e condenado ao degredo em Angola, sob a acusação de ser amigo e protegido dos jesuítas, escreveu um longo poema em homenagem às núpcias da filha do marquês de Pombal. Não só foi perdoado e libertado, como se tornou protegido do poderoso marquês e foi viver em Portugal, a serviço da Coroa. (Pombal era antijesuíta ferrenho e fez o possível para extinguir a Companhia de Jesus. A partir do episódio, passou a contar com a firme colaboração do poeta.)

Se quisermos encontrar outros vestígios de realidade concreta na poesia anterior ao Modernismo, teremos de pensar na sátira, presente nas cantigas medievais de escárnio ou de maldizer; no baiano Gregório de Matos (1633-1696), que a produziu em alto nível; em Bocage (1765-1805), o poeta marginal do século XVIII; um ou outro romântico, um ou outro parnasiano mais ousado. Ou, então, teremos de nos contentar com o gênero dito gracioso ou com a versalhada oportunista e interesseira.

Só no século XIX, depois de esgotada a moda romântica, é que a poesia voltada para as coisas simples da vida cotidiana vai aos poucos deixando de ser considerada um gênero "menor", para adquirir a dignidade artística e literária que o Modernismo lhe conferirá. Já conhecemos um precursor, Cesário Verde, do poema “De Tarde”, o do piquenique de burguesas, lembra-se? Sua obra toda, muito breve, pouco mais de quarenta poemas, é uma espécie de retrato lírico e sentimental da cidade de Lisboa, mas erguido a partir de suas ruas, suas praças e avenidas, a zona portuária, os tipos populares, os pregões dos ambulantes, os passeios arborizados mas também as vielas escuras e malcheirosas – a vida cotidiana da cidade, em suma, sem enfeites, sem fantasia, sem idealizações retóricas. É uma clara antecipação do que os poetas modernos fariam, em larga escala, sobretudo nas primeiras décadas do século XX.

De um lado, é uma imposição do tempo. O século XX assiste a um impressionante desenvolvimento urbano e industrial, as grandes metrópoles crescem desenfreadamente, sua população aumenta na proporção em que a do campo diminui e a poesia não fica alheia a essas transformações: acompanha ou procura acompanhar o mesmo ritmo. De outro, é a evolução natural da própria poesia, que, como um pêndulo, sempre oscilou entre o ideal inatingível e o real palpável, o sonho escapista e o senso do real. Ao longo de todo o século XX, o pêndulo dá a impressão de ir detendo-se mais demoradamente neste segundo lado. É que a realidade à nossa volta cresce e se multiplica numa vertiginosidade tal que seus apelos parecem inesgotáveis.

A poesia moderna, em suma, em grande parte desistiu da paisagem metafísica dos universos efetiva ou aparentemente paralelos para fixar a atenção em outra paisagem, menos ambiciosa, mais próxima, talvez mais estimulante – a paisagem formada pelos objetos familiares e pela vida cotidiana.

PAISAGEM Nº 3

Chove?
Sorri uma garoa cor de cinza,
muito triste, como um tristemente longo...
A casa Kosmos não tem impermeáveis em liquidação...
Mas neste largo do Arouche
posso abrir o meu guarda-chuva paradoxal,
este lírico plátano de rendas mar...

Ali em frente... – Mário, põe a máscara!
– Tens razão, minha Loucura, tens razão.
O rei de Tule jogou a taça ao mar...

Os homens passam encharcados...
Os reflexos dos vultos curtos
mancham o *petit-pavé*...
As rolas da Normal
esvoaçam entre os dedos da garoa...
(E si pusesse um verso de Crisfal
no *De profundis*?...)
De repente
um raio de sol arisco
risca o chuvisco ao meio.

MÁRIO DE ANDRADE [São Paulo: 1893–1945]. *Poesias completas*, São Paulo, Martins, 1955, p. 62.

ESTE POEMA DE MÁRIO DE ANDRADE FAZ PARTE DO LIVRO pioneiro da nossa poesia modernista, *Pauliceia Desvairada*. No ano de sua publicação (1922), São Paulo já era o melhor exemplo brasileiro das transformações por que passavam os grandes centros urbanos, como ficou sugerido no segmento anterior. "Desvairada"? – você deve estar perguntando. O que Mário acharia da São Paulo de hoje? Na verdade, "Paisagem nº 3" faz pensar, antes, numa cidade tranquila e pacata, sobretudo num dia de chuva, ou antes garoa, aquela garoa miúda, irritante, que parece ter-se instalado nos ares, para sempre, e só faz encharcar tudo, as árvores, os homens, a alma. (São Paulo foi conhecida durante muito tempo como "a cidade da garoa". Hoje, o que resta da velha garoa é só fuligem.)

Cidade desvairada? Desvairado parece ser o poeta, que abruptamente introduz um diálogo truncado, estranhíssimo, a propósito de uma máscara, e de uma taça que o rei de Tule jogou ao mar. Difícil entender, não é mesmo? O interlocutor é a Loucura (?), grafada com inicial maiúscula, que lhe ordena pôr a máscara. Como resposta, ele reconhece que ela tem razão. Antes e depois, temos uma cena banal do cotidiano, isto é, São Paulo num dia de chuva, cena que só se interrompe mais uma vez, pouco antes do final, para outro desvio, entre parênteses, agora a respeito de um certo Crisfal (quem ou o quê é Crisfal?) e o *De profundis* (?).

É um poema ou uma charada?

Antes de mais nada, é preciso admitir a possibilidade de não conseguirmos decifrar. Talvez seja um texto hermético, como o das fórmulas cabalísticas das sociedades secretas, só acessíveis a iniciados. Há também a possibilidade de só conseguirmos decifrar uma parte, alguns trechos; outros permanecerão obscuros. E há, finalmente, a possibilidade de chegarmos a uma interpretação falsa, talvez coerente e convincente, mas falsa. É um risco.

A estratégia que proponho é ir cercando o poema, do geral para o particular, do todo para o detalhe. Comecemos pelo título. "Paisagem" é um vocábulo tradicionalmente associado à Natureza. No caso, não. A paisagem que temos pela frente é formada basicamente de concreto e asfalto, cenário urbano; de Natureza, só uma árvore, o "plátano" da primeira estrofe. Se você fizer questão, podemos incluir também a chuva e o sol. Mesmo assim, a cena continua sendo marcadamente urbana, artificial, algo construído pela mão do homem. Chamar tal quadro de "paisagem" é uma forma irônica de afirmar que, no cenário urbano, a Natureza encolhe, quase desaparece. Além disso, é uma paisagem numerada (no livro há quatro poemas com o mesmo título, "Paisagem", numerados de 1 a 4). Isso não sugere uma das características da era industrial, a linha de montagem, a mesmice da produção em série, massificação?

Agora é preciso entrar com um pouco de geografia urbana da velha São Paulo. O poeta está no largo do Arouche, onde abre seu "guarda-chuva paradoxal". Mais adiante, vem uma referência às "rolas da Normal". Neste caso, não há nada de misterioso ou hermético: "rolas" (pombas) são as estudantes da Escola Normal Caetano de Campos, até um tempo atrás localizada na praça da República, a poucos passos do largo do Arouche. (O prédio ainda está no mesmo lugar, imponente, mas hoje abriga outra instituição pública.) Em tempo: "Normal" é o nome de um antigo curso, de nível secundário, que formava "normalistas", isto é, professoras (poucos homens escolhiam essa profissão) das quatro ou cinco primeiras séries de ensino. Deu para entender por que as moças "esvoaçam entre os dedos da garoa"?

Para completar esse mapa um pouco arbitrário e parcial do centro velho de São Paulo, a primeira estrofe menciona a "Casa Kosmos", antiga loja de moda masculina, que sobreviveu até há pouco tempo num dos modernos shoppings da cidade, com outro nome: o antigo virou sobrenome. Ali o poeta poderia encontrar um "impermeável" (gabardine, capa de chuva) que o abrigasse da garoa. No tempo de Mário, a loja se situava na rua Direita, perto da praça do Patriarca. Se traçarmos uma linha mais ou menos reta dessa praça até o largo do Arouche, esta cruzará o viaduto do Chá, a rua Barão de Itapetininga e a praça da República, até chegar ao ponto de observação do poeta. Se você conhecer São Paulo, o roteiro será familiar, a cena evocará um sem-número de associações. Se não conhecer...

Mas vamos em frente. De que fala o poema? Duas coisas. De um lado, a cena, perfeitamente localizável no mapa de uma cidade real: a garoa, os impermeáveis, uma árvore cuja copa serve de guarda-chuva, os homens que passam molhados, as calçadas que refletem os vultos, as estudantes saindo da escola e um raio de sol. De outro, os dois desvios: primeiro, a máscara, a loucura, o rei de Tule e sua taça; depois, um verso de Crisfal e o *De profundis*.

De um lado, o poeta registra o que o olho vê: sua cidade, num dia de chuva; de outro, introduz duas breves pausas, em que, cedendo a algum apelo imponderável, entrega-se a uma espécie de devaneio. Livre-associação, provavelmente. (Sem dúvida, você está certo: "Paisagem nº 3", sendo como é um belo exemplo de poesia devaneante, poderia ter sido analisado no capítulo anterior. É que essa divisão em núcleos temáticos, conforme adverti na "Introdução", não é rigorosa, existe só para imprimir alguma ordem à nossa tarefa e não remete a compartimentos estanques. Mais de um poema poderia ser analisado em mais de um capítulo.)

Agora vamos aos detalhes. O poeta começa perguntando se chove. Dúvida retórica, linguagem figurada. Ele não teria por que duvidar se chove ou não chove. A dúvida é quanto ao sentimento interior, ao estado de espírito que a chuva provoca. Repare na resposta: "Sorri uma garoa cor de cinza". Simplifiquemos: sorri = alegria; cor de cinza = tristeza. O poeta não está interessado em retratar a cena (um fotógrafo faria melhor). O que ele quer é usar a garoa para falar de si mesmo, para se expressar, e já o fez. Provocado ou não pela garoa, seu estado de ânimo é dúbio, ambíguo, triste e alegre ao mesmo tempo.

O verso seguinte ("muito triste" etc.) põe ênfase no segundo lado, mas não devemos perder de vista o "sorri" do início da resposta, o lado alegre, caso contrário, o final do poema não fará sentido. Mas repare, ainda, que já nesse verso a atitude devaneante se impõe, a frase começa e não termina: "como um tristemente longo..." – o quê? O poeta divaga, cisma, sonha e deixa a ideia suspensa no ar.

Assim como o sentimento é dúbio – triste e alegre –, a associação de ideias ao longo do texto também parece atender a dois apelos contrastantes. Um é o apelo do real imediato, a chuva; outro é o apelo da fantasia, das lembranças, outras realidades, outros tempos. Os dois se alternam. Logo após a primeira ameaça de devaneio, a referência aos impermeáveis marca o retorno às coisas práticas.

A primeira notação geográfica explícita (largo do Arouche) soma os dois apelos, para injetar um pouco de fantasia devaneante na realidade. Temos um "guarda-chuva", banalidade do dia a dia, traste que detestamos e nunca temos à mão, quando começa a chover, mas um guarda-chuva que, para contrabalançar, é "paradoxal"; temos uma árvore, como outra qualquer, um "plátano", só que "lírico". Observe o pormenor. "Lírico plátano" introduz um leve toque de ironia, o poeta começa a brincar com as palavras. A expressão lembra um daqueles jogos verbais que os atores repetem, a fim de aperfeiçoar a dicção: *lírico-plátano, lírico-plátano*... Além disso, repare na delicadeza com que ele descreve a copa da árvore, que momentaneamente lhe serve de guarda-chuva: "rendas mar". Você já se abrigou debaixo de uma árvore num dia de chuva? Olhou para cima? Mas a descrição prossegue, ou ameaça prosseguir: "Ali em frente...". Outra vez, a ideia fica suspensa no ar. Mais devaneio...

A segunda estrofe, onde ocorre o diálogo com a "Loucura", sugere que o poeta encara essa sua atitude oscilante, ora atento à realidade, ora longe, devaneando, como uma espécie de loucura, "loucura mansa", como se dizia antigamente. Esta lhe recomenda ou ordena colocar a máscara, ou seja, outro rosto, outra face, outra personalidade. A Loucura o aconselha, por exemplo, a assumir um dos dois papéis, ou o do homem prático, realista, ou o do indivíduo sonhador, sempre ausente da realidade. Não seria mais razoável do que ficar hesitando entre um e outro?

O poeta o reconhece: "Tens razão, minha Loucura, tens razão". Mas aí o incontrolável impulso devaneante lhe traz à mente a lenda do rei de Tule. Vamos a ela. Inconsolado com a morte da noiva, o rei passa todo o seu tempo a venerar uma certa taça de ouro, onde a bem-amada bebera, até que um dia reúne a corte e, diante de todos, abre a janela e joga a taça ao mar...

No instante seguinte (os dois apelos se alternam), o poeta volta a atenção para a realidade imediata, e o sentimento de tristeza agora parece mais denso, mais carregado: os homens passam, encharcados, as poças de água na calçada refletem os seus vultos... Pense na cena, não como fato isolado, mas como integrante do contexto do poema. À luz do que vimos até aqui, o quadro não sugere solidão, distanciamento, anonimato, ausência de comunicação, desinteresse pelo semelhante? Para compensar, logo adiante nos deparamos com a cena jovial das estudantes que esvoaçam entre os dedos da garoa: é o contraponto de vibração, dinamismo, alegria.

Pois é, você tem razão. Nesse ponto, a pergunta é: a garoa tem dedos? Por que a garoa é animizada, isto é, descrita como se tivesse atributos humanos? De quem poderiam ser esses dedos? Quem gostaria de estar tocando com os dedos as alegres garotas da Escola Normal, cheias de vida?

Em vez de responder (ele nunca responderia), o poeta se entrega a outro devaneio: "E si pusesse um verso de Crisfal / no *De profundis*?". Repare que Mário de Andrade fazia questão de escrever "si" em lugar de "se". Mas isso não tem muita importância. Ou você, ou o professor, acha que tem? A questão é polêmica, mas como está fora do nosso interesse, no momento, voltemos ao poema.

Crisfal é o nome adotado por Cristóvão Falcão, poeta renascentista, português, cuja obra é rica em cenas idílicas, campestres, de exaltação à beleza e ao amor. Um só dos seus versos já seria capaz de amenizar, e muito, o tom fúnebre do *De profundis*, primeiras palavras do Salmo 129, normalmente recitado como oração aos mortos. Mistura improvável, não é mesmo? Nada mais contrastante do que essas duas referências, associadas pelo devaneio do poeta. Mas o que já tínhamos detectado no início do poema não forma contrastes semelhantes? A garoa que sorri cor de cinza não é o equivalente atenuado da exaltação ao amor no meio de uma oração fúnebre?

Aí já não surpreende que a chuva, com a atmosfera carregada que suscitou, seja subitamente interrompida por um raio de sol "arisco". Graças à cena das meninas que escapam entre os dedos da garoa, graças à lembrança dos versos idílicos do velho Crisfal, o poeta encerra o poema com ar jocoso, brincando para valer com as palavras. Repare como os sons jogam entre si: arisco / risca / chuvisco; raio / meio; além da aliteração dos *ss* e *rr*. Para quê? Para espantar a melancolia que foi se infiltrando e crescendo, ao longo do passeio-devaneio, e para voltar de vez à realidade... até que novo devaneio, outro poema, lhe estimule o espírito inquieto.

EXERCÍCIO DE CRIAÇÃO

1

A exemplo de Drummond, fale das coisas e objetos que o cercam, ou que você carrega, como marcas ou sinais da sua identidade. Se preferir (quer porque não goste de se expor, quer porque seja mais fácil observar isso em alguém), mude o título para "Ele (ou Ela), etiqueta". Sugiro quadrinhas rimadas e metrificadas. Já vale como crítica. Mas você pode não concordar com o poeta. Então mostre o lado bom da "etiqueta".

2

Conte, em versos, a história do rei de Tule, mas não do ponto de vista do rei viúvo (é muito óbvio e pode virar melodrama), mas da bem-amada ou da própria taça – perplexa diante do gesto do rei. Pode ser um exercício interessante, embora não tenha nada a ver com o tema do capítulo. Ou tem? Então descreva, em outro poema, uma cena do seu cotidiano, e não se envergonhe de imitar Mário de Andrade. Ou escreva um terceiro, que fale das "rolas da Normal", ou seja, as meninas que saem em bando da escola, rindo e cantarolando.

V

AUTOCONHE
CIMENTOPA
ISAGEMNA
TURALDEVA
NEIOCOTI
DIANO**BELE**
ZAINFÂNCIA
AMORMOR
TEOEUEO
OUTROAPRÓ
PRIAPOESIA

V

BELEZA

LIRA Nº 43

Encheu, minha Marília, o grande Jove
de imensos animais de toda a espécie
as terras, mais os ares,
o grande espaço dos salobres rios,
dos negros, fundos mares.
Para sua defesa,
a todos deu as armas que convinha,
a sábia Natureza.

Deu as asas aos pássaros ligeiros,
deu ao peixe escamoso as barbatanas;
deu veneno à serpente,
ao membrudo elefante a enorme tromba,
e ao javali o dente.
Coube ao leão a garra;
com leve pé saltando o cervo foge;
e o bravo touro marra.

Ao homem deu as armas do discurso,
que valem muito mais que as outras armas;
deu-lhe dedos ligeiros,
que podem converter em seu serviço
os ferros e os madeiros;
que tecem fortes laços
e forjam raios, com que aos brutos cortam
os voos, mais os passos.

Às tímidas donzelas pertenceram
outras armas, que têm dobrada força:
deu-lhes a Natureza,
além do entendimento, além dos braços,
as armas da beleza.
Só ela ao céu se atreve,
Só ela mudar pode o gelo em fogo,
mudar o fogo em neve.

Eu vejo, eu vejo ser a formosura
quem arrancou da mão de Coriolano
a cortadora espada.
Vejo que foi de Helena o lindo rosto
quem pôs em campo, armada,
toda a força da Grécia.
E quem tirou o cetro aos reis de Roma,
só foi, só foi Lucrécia.

Se podem lindos rostos, mal suspiram,
o braço desarmar do mesmo Aquiles;
se estes rostos irados
podem soprar o fogo da discórdia
em povos aliados,
és arbitra da Terra:
tu podes dar, Marília, a todo o mundo,
a paz e a dura guerra.

TOMÁS ANTÔNIO GONZAGA [Porto: 1744 – Moçambique: 1810].
Poesias, Rio de Janeiro, Instituto Nacional do Livro, 1957, pp. 77-79.

UM DOS TEMAS TEÓRICOS MAIS POLÊMICOS, RELATIVOS à poesia e à arte em geral, é o que opõe a arte *útil*, isto é, a arte como instrumento a serviço de causas ou propósitos morais, religiosos, políticos etc., à arte como *fim em si*, quer dizer, à arte com fins exclusivamente estéticos. Ao longo da história, a primeira concepção prevalece, pelo menos quantitativamente. Até o início do século XIX (a virada, como não podia deixar de ser, se deu com o Romantismo), a poesia, por exemplo, tem quase sempre, direta ou indiretamente, caráter pedagógico.

Veja a lira de Gonzaga. O poeta assume diante da bem-amada Marília, e do leitor, a atitude do conselheiro que transmite lições sobre a vida e a Natureza, lições metrificadas, ornadas de metáforas, cheias de melodia e graça, para que sejam mais facilmente assimiladas. Mas, ainda que o poeta não tenha a intenção deliberada de *ensinar*, como Gonzaga, os ingredientes convocados para o poema, na poesia tradicional, têm que ver com as doutrinas políticas, morais ou religiosas vigentes.

Simplificando, a polêmica situa, em campos opostos, dois conceitos: o de utilidade e o de beleza, já que a arte como fim em si está voltada para a própria beleza, indiferente à possibilidade de ser útil ou não. O primeiro não oferece dificuldade, ninguém tem dúvida quanto ao que seja uma coisa útil. Já o que venha a ser beleza, dez livros do tamanho deste não seriam suficientes para discutir a questão. As controvérsias a propósito do conceito não têm fim.

Existe um padrão universal e imutável de beleza ou a noção de belo varia, no tempo e no espaço? Os que defendem a primeira hipótese usam como argumento o fato de que ainda admiramos e consideramos belas inúmeras obras de outros tempos e outras culturas. Os adeptos da segunda posição lembram que, em muitos casos, o que tomamos como belo outros consideram feio, ou vice-versa. Acabaríamos enveredando pela questão do gosto pessoal (o gosto nasce com o indivíduo ou é fruto dos hábitos e valores que este absorve do meio?), e por aí seguiríamos.

O fato é que essas questões só poderiam ser devidamente analisadas num tratado de estética e não num livro como o nosso, que pretende apenas explorar algumas técnicas de leitura ou de criação de poesia. Só não devemos ignorar que a poesia de todos os tempos atribui muita importância à "beleza", seja isso o que for; os poetas parecem estar à procura das coisas belas e seus poemas com frequência nos falam a esse respeito.

De início, é importante distinguir entre a beleza ou os objetos julgados belos pelo poeta, e assim tomados por ele como tema de poesia – com existência própria, portanto, fora do poema –, e a eventual beleza intrínseca do poema, segundo o conceito que adotarmos. "A queda", poema de Sá-Carneiro, que iremos analisar em seguida, é um *belo* poema? A maioria dos críticos diria que sim, mas isso não é uma verdade inquestionável. Do ponto de vista prático, você concordará ou não, de acordo com seu gosto pessoal. Repare que, nesse caso, estaríamos julgando a poesia, procurando saber se é bela ou feia, de boa ou má qualidade, tarefa das mais controvertidas. Mas nosso propósito é, antes, compreender. O que podemos afirmar, desde já, é que o poema de Sá-Carneiro expressa uma atitude francamente esteticista, de quem se entrega a uma espécie de transfiguração da realidade, voltada exclusivamente para seus aspectos refinados, raros, sublimes. Belos? Pois é, aí começam as controvérsias.

A origem dessa atitude remonta, para não recuarmos muito, ao período Barroco, que abrange todo o século XVII e parte do XVIII, quando foi moda buscar inspiração nas obras de arte em geral – a pintura, a arquitetura, a estatuária, a decoração. Os poetas ortodoxamente barrocos parecem estar envolvidos num campeonato de requinte e sutileza, todos à procura das formas artísticas mais preciosas. É curioso observar que essa tendência convive, no mesmo período, com o apego às banalidades do cotidiano, desprovidas de refinamento, como ficou sugerido no capítulo anterior. (A poesia "de circunstância", o gênero "gracioso" – lembra-se?) Convive ainda, o que é mais surpreendente, com o culto do belo-horrível, ou seja, a beleza das formas hediondas ou repelentes, como no caso de *Polifemo y Galatea*, do poeta barroco espanhol Gôngora (1561-1627), que trata de um monstro aterrador, Polifemo, apaixonado por uma frágil ninfa, Galateia. Em vez de "belo-horrível", talvez fosse mais apropriado falar da beleza intrínseca de uma obra literária que adota como tema um monstro disforme. A beleza não está no monstro, mas no poema criado a partir dele.

O fato é que a estética barroca não pode ser reduzida a nenhum desses polos, isoladamente. Sua característica essencial é a coexistência dos contrários. Por essa razão, o Barroco foi considerado, por muito tempo, uma estética de mau gosto, pelos exageros, pelo excesso de esteticismo e por suas gritantes contradições, mas veio a ser resgatado no século XX, em função de suas afinidades com a cultura contemporânea.

O culto esteticista do belo ganha novo impulso no século XIX, com o Romantismo, sobretudo o alemão: Goethe, Schiller e outros. O individualismo exacerbado leva o romântico a cultuar a independência do artista, em busca da estrita autonomia para a sua criação, que ele pretende ver livre de imposições morais, pedagógicas, religiosas, políticas ou outras. Isso lança as bases para a tendência que ganha prestígio aí pela metade do século XIX, conhecida como "arte pela arte" e que corresponde à ideia antes assinalada da arte como fim em si. A ideia teve grande vigor entre parnasianos e simbolistas e se prolongou pelo século XX. Uma das tendências da vanguarda modernista continua sendo o esteticismo, ou a arte divorciada da realidade imediata, alheia aos objetivos práticos da vida, distante da sociedade, empenhada exclusivamente nos requintes da beleza em si.

Mas a ideia de uma arte útil ressurge com intenso vigor pela metade do século XX, graças especialmente à doutrinação do pensador e escritor francês Jean-Paul Sartre (1905-1980). Sua tese de uma "arte engajada" propõe que o escritor se assuma, antes de mais nada, como cidadão, como consciência política, e jamais abra mão da missão doutrinadora que sua obra deve cumprir. Aparentemente antirromântica, a tese põe ênfase no papel social do escritor e condena como inautêntica a criação literária centrada no individualismo.

A literatura engajada ou participante, proposta por Sartre, atraiu seguidores em vários países. Apesar de ser um desdobramento da antiga tradição da arte útil, podendo abranger um amplo leque ideológico, tornou-se praticamente sinônimo de literatura "de esquerda", e como tal continua a ser praticada, ora de maneira ortodoxa, como nos primeiros livros de Jorge Amado (1912-2001), por exemplo, baseados no realismo socialista, ou da literatura a serviço da revolução do proletariado, ora de maneira mais flexível, como nos romances posteriores a *Gabriela, cravo e canela*, do mesmo Jorge. O resultado é que a antiga polêmica entre arte útil e arte pela arte voltou a ganhar atualidade e a gerar controvérsias.

Quanto à beleza, como saber de que se trata? Temos de nos contentar com o que cada poeta, em cada poema, nos ofereça como tal.

A QUEDA

E eu que sou o rei de toda esta incoerência,
Eu próprio turbilhão, anseio por fixá-la
E giro até partir... Mas tudo me resvala
Em bruma e sonolência.

Se acaso em minhas mãos fica um pedaço de oiro,
Volve-se logo falso... ao longe o arremesso...
Eu morro de desdém em frente dum tesoiro,
Morro à míngua, de excesso.

Alteio-me na cor à força de quebranto,
Estendo os braços de alma – e nem um espasmo venço!...
Peneiro-me na sombra – em nada me condenso...
Agonias de luz eu vibro ainda entanto.

Não me pude vencer, mas posso-me esmagar,
– Vencer às vezes é o mesmo que tombar –
E como inda sou luz, num grande retrocesso,
Em raivas ideais ascendo até ao fim:
Olho do alto o gelo, ao gelo me arremesso...

....

Tombei...
E fico só esmagado sobre mim!...

MÁRIO DE SÁ-CARNEIRO [Lisboa: 1890 – Paris: 1916]. *Poesias*, Lisboa, Ática, 1953, pp. 79-80.

DIANTE DE UM POEMA COMO "A QUEDA", A REAÇÃO DO leitor costuma ser de espanto e perplexidade. O vocabulário, em si, não oferece dificuldade: nenhuma palavra rara, nenhum neologismo; as construções sintáticas são as do uso corrente: nenhuma ousadia, nenhuma inversão brusca, que nos faça perder o fio. Aquilo *de que* o texto fala é claro: o próprio Eu, que se observa e se autoanalisa, inscrevendo-se na linha convencional da poesia de autoconhecimento. No entanto, relemos uma, duas vezes, sentimos o impacto de suas imagens fortes, e não atinamos com *o que* o poema quer dizer.

Pois é, as imagens, ricas de visualidade, chamam de fato a atenção. Elas sugerem uma espécie de delírio, ao longo de todo o poema – "turbilhão", como lemos logo no segundo verso –, que vai desembocar na surpreendente imagem final: "E fico só esmagado sobre mim". A impressão é de que estamos sendo apresentados à descrição de um pesadelo, uma alucinação.

A partir do título, o texto vai-se armando como um circuito de referências que remetem para dentro, isto é, para outras referências, e nunca para fora; um circuito fechado, formado de vislumbres, que não parecem ter pé em nenhuma realidade conhecida. Estamos diante de uma "cena" exótica, incompreensível. Para o poeta, no entanto, tudo parece certo e definido; ele não denuncia estar falando de visões ou fantasmagorias, não hesita um só instante diante das "realidades" que descreve, e segue enumerando afirmações categóricas, até o final. Que realidades serão essas?

Só começamos a atinar com o que se passa quando percebemos que, ao falar de si, o poeta, ao contrário do que faz a maioria, põe de lado sentimentos, ideias, pensamentos. O que ele procura expressar é acima de tudo sensações. "Eu próprio turbilhão", por exemplo, ou "tudo me resvala em bruma e sonolência". Não temos aí uma ideia, um conceito, um sentimento, mas algo vago, mais relacionado aos sentidos do que ao intelecto. Como se ele abdicasse de pensar, insistindo em apenas sentir. Por isso a predominância das imagens, a insistência nas sugestões de cor, formas, volumes. O nome dado a isso é esteticismo, conforme tínhamos anunciado antes.

Se fosse possível esvaziar as palavras de todo e qualquer sentido, como parece ser o objetivo do poeta-esteta, elas expressariam apenas sensações, a floração ininterrupta de visões carregadas de sensorialidade, algo destinado à fruição dos sentidos e não à intelecção. Sá-Carneiro chega muito próximo desse limite, ou seja, a poesia pura, a beleza sensorial criada através de palavras libertas das imposições da lógica e do pensamento.

Não se trata apenas da poesia que explore a sonoridade das palavras, a fim de obter "música antes de qualquer coisa", como propôs o simbolista Paul Verlaine (1844-1896); menos ainda, de se servir das palavras como elemento gráfico, esteticismo objetivo, e "desenhar", com o recorte dos versos, um perfil, um semblante, um colo ou uma taça, como nos "caligramas" de Guillaume Apollinaire (1880-1918), matriz do que veio a ser, na metade do século XX, a poesia concreta. O que temos aí é a tentativa de expressar um mundo interior, esteticismo subjetivo, feito apenas de sensações, oferecidas antes à sensibilidade ou à intuição, do que ao ouvido ou ao olho do leitor.

Mas o uso original que Sá-Carneiro faz das palavras não chega a esvaziá-las inteiramente de sentido: algum permanece, embora diluído, e se transmite ao texto. Na verdade, não haveria como registrar no papel sensações "puras". Apesar do esforço do poeta, as sensações por ele apreendidas acolhem também, por tênue que seja, algum significado. E o que talvez seja o significado-chave, sugerido ao longo do texto, pode ser detectado nesta série de frases, aqui destacadas: *eu sou o rei*, *pedaço de oiro*, *tesoiro*, *excesso*, *alteio-me*, *sou luz*. Essas expressões fazem pensar numa autoimagem altamente positiva, superior. No entanto, todas elas são neutralizadas por alguma forma de negação: é rei, mas da incoerência; o pedaço de ouro que lhe fica nas mãos, logo se torna falso; diante de um tesouro, o que ele manifesta é desdém, e assim por diante. A autoimagem expressa no poema, portanto, é ambígua.

Uma passagem decisiva é a que fala do "pedaço de oiro [que]

volve-se logo falso". Isso lembra a antiga lenda do rei Midas, que transformava em ouro tudo em que tocasse, maldição que o leva à morte: ao tentar comer, o alimento se converte em ouro. O que temos em "A queda" é uma espécie de Midas às avessas: o poeta converte em falsidade o ouro em que toca.

Assim, apesar dos termos positivos com que se qualifica (rei, oiro, tesoiro, excesso, alteio-me etc.), o poeta projeta de si mesmo uma imagem negativa, a do anti-Midas. Parece, portanto, que o tema central do poema é o da autorrejeição, ou autocondenação, decorrente da inabilidade do poeta em lidar com as coisas: desdenha o tesouro; morre à míngua (escassez) diante do excesso (abundância); chega muito próximo de "vencer" mas acaba por se "esmagar".

A imagem final, "E fico só esmagado sobre mim", mostra o resultado desse processo, que começa como autoadoração e termina como autodestruição. Mas ressalta também um aspecto que vinha sendo anunciado desde o início: o desdobramento da personalidade, a presença do duplo. Ao afirmar que ficou só, esmagado sobre si, o poeta registra a presença de dois Eus: o que observa e o que é observado; o mesmo Eu, dividido em dois, agente e paciente, sujeito e objeto.

Outro aspecto interessante é o tom narrativo que o poema adota, desde o primeiro verso. O que vai-se desenrolando, aos olhos do leitor, é equivalente a um enredo, uma sucessão de eventos, com sua trama e seu desenlace. Lido dessa forma, o poema revela uma peculiaridade: tem um enredo, uma ação, um desfecho (sugerido no título, "A queda"), mas não tem um princípio. O verso inicial abre com uma conjunção aditiva: "*E* eu que sou o rei", sugerindo que a ação começa a ser registrada já no meio do percurso, estabelecendo-se uma relação implícita com algum dado anterior, omitido. A ideia é que essa ação (o turbilhão de sensações a que nos referimos) vem ocorrendo antes e continuará a ocorrer depois do poema propriamente dito. Este é fruto da deliberação do Eu, que registra em palavras o fragmento de cena que lhe é dado observar, cena da qual ele se distancia. Caso contrário, não seria plausível um Eu, mergulhado num fluxo tão caótico de sensações, externar o que sente, em versos criteriosamente rimados (você reparou nas rimas, não é mesmo?) e articulados segundo uma sintaxe impecável. O poema *fala de* turbilhão de sensações, delírio, despedaçamento, caos interior. Mas o *modo como* fala é perfeitamente lógico e ordenado.

O sonho do poeta seria eliminar o desdobramento e ser um só: o ser que se autodestrói, se esmaga, e expressa com sua própria voz o ato do esmagamento. Por isso, a voz que se expressa no poema não é a do Eu autodestruído, mas a do Eu íntegro, que observa, impotente, a sua própria destruição. Excessos de sensibilidade hiperexcitada... Numa palavra: inadaptação. O poeta-esteta (Sá-Carneiro é talvez o exemplo mais flagrante dessa tendência, em língua portuguesa) é aquele que leva às últimas consequências a certeza de que a beleza pura não passa de sonho utópico, incompatível com a realidade, o que o leva a sentir-se um irremediável inadaptado.

EXERCÍCIO DE CRIAÇÃO

1

A "Lira" de Gonzaga, na abertura do capítulo, diz que a Natureza "a todos deu as armas que convinha", cabendo às mulheres as "armas da beleza". Escreva um poema em que uma garota ou uma mulher (você escolhe a idade) expõe o que acha disso. Não se esqueça do final, onde o poeta afirma que, graças às suas armas, a mulher pode dar a todo o mundo "a paz e a dura guerra".

2

Sá-Carneiro diz que é "o rei de toda esta incoerência". Você alguma vez já se sentiu "rei" de alguma coisa? Escreva um poema a respeito, mas seguindo o exemplo do poeta: dê preferência às sensações, às impressões sensoriais, às comparações e às imagens, e não às ideias e conceitos, ou aos juízos e valores.

VI

A U T O C O N H E
C I M E N T O P A
I S A G E M N A
T U R A L D E V A
N E I O C O T I
D I A N O B E L E
Z A **I N F Â N C I A**
A M O R M O R
T E O E U E O
O U T R O A P R Ó
P R I A P O E S I A

VI

INFÂNCIA

MEUS OITO ANOS

Oh! que saudades que tenho
Da aurora da minha vida,
Da minha infância querida
Que os anos não trazem mais!
Que amor, que sonhos, que flores,
Naquelas tardes fagueiras
À sombra das bananeiras,
Debaixo dos laranjais!

Como são belos os dias
Do despontar da existência!
– Respira a alma inocência
Como perfumes a flor;
O mar é – lago sereno,
O céu – um manto azulado,
O mundo – um sonho dourado,
A vida – um hino d'amor!

Que auroras, que sol, que vida,
Que noites de melodia
Naquela doce alegria,
Naquele ingênuo folgar!
O céu bordado d'estrelas,
A terra de aromas cheia,
As ondas beijando a areia
E a lua beijando o mar!

Oh! dias da minha infância!
Oh! meu céu de primavera!
Que doce a vida não era
Nessa risonha manhã!
Em vez das mágoas de agora,
Eu tinha dessas delícias,
De minha mãe as carícias
E beijos de minha irmã!

Livre filho das montanhas,
Eu ia bem satisfeito,
De camisa aberto o peito
– Pés descalços, braços nus
Correndo pelas campinas
À roda das cachoeiras,
Atrás das asas ligeiras
Das borboletas azuis!

Naqueles tempos ditosos
Ia colher as pitangas,
Trepava a tirar as mangas,
Brincava à beira do mar;
Rezava às Ave-Marias,
Achava o céu sempre lindo,
Adormecia sorrindo
E despertava a cantar!
....
Oh! que saudades que tenho
Da aurora da minha vida,
Da minha infância querida
Que os anos não trazem mais!
– Que amor, que sonhos, que flores,
Naquelas tardes fagueiras
À sombra das bananeiras,
Debaixo dos laranjais!

CASIMIRO DE ABREU [Capivari, RJ: 1839 – Indaiaçu, RJ: 1860]. *Obras*, São Paulo, Cia. Editora Nacional, 1940, pp. 94-96.

CHARLES BAUDELAIRE (1821-1867) AFIRMA QUE "A POESIA é a infância reencontrada". A ideia pode soar paradoxal, mas a questão do esteticismo, discutida no capítulo anterior, talvez nos ajude a perceber que não. O poeta francês parte do pressuposto de que o adulto, tendo desenvolvido ao máximo seu poder de abstração e raciocínio lógico, corre o risco de se tornar premeditado, vindo a perder ou tendo muito diminuída a espontaneidade, a capacidade de percepção sensorial, inerente à criança. Para o adulto, conhecer é um ato de distanciamento, através do qual os objetos são traduzidos em conceitos, ideias e fórmulas abstratas; para a criança, conhecer é aderir à realidade sensível, num processo de identificação natural com as coisas. A criança se aproxima dos objetos com inocência, tomando-os como prolongamento do seu próprio ser, ou tomando-se a si própria como prolongamento das coisas; o adulto se afasta, pondera e hierarquiza: aqui o Eu, ser que conhece; ali, os objetos do Mundo a ser conhecido, isto é, a ser subordinado ao entendimento.

Para Baudelaire, a inocência da criança representa a atitude estética por excelência. Ao se tornar poeta, o adulto recupera ou "reencontra" a capacidade infantil de se identificar com a realidade. Mas poderíamos dizer, também, que poeta é o adulto que não tenha perdido essa capacidade, mantendo-se apto a reagir diante das coisas com um misto de espanto e euforia, mas sem deixar de ser adulto, pois continua a exercer essa outra capacidade, inacessível à criança, de converter o espanto em palavras. Consórcio misterioso e ambíguo, não é verdade? Poeta é um ser que tem voz de adulto e olhos de criança, aquela a serviço destes.

Como você vê, estamos diante de uma teoria. Além de um dos maiores poetas do século XIX, precursor da poesia moderna, Baudelaire foi também crítico de arte, dos mais agudos, e deixou boa quantidade de textos sobre a criação poética, a natureza e a função da poesia. Mas não é só por via da especulação teórica que a infância interessa à poesia: ela é também um dos seus temas prediletos, invariavelmente associado à memória e seu corolário, a saudade. O tema ocorre ao longo de toda a história da nossa literatura, mas em nenhum período foi tão largamente praticado e tão difundido quanto no Romantismo.

Bem por isso, um dos poemas mais populares da língua é "Meus oito anos", de Casimiro de Abreu. A popularidade da composição se deve ao modo ingênuo como o poeta registra aí um sentimento singelo e universal: a perda da felicidade ideal, vivida (ou imaginada?) na infância, e o sofrimento que advém do desejo impossível de recuperá-la. Você talvez nunca o tenha lido antes, mas saiba que, durante cerca de um século, a partir de 1857, várias gerações de brasileiros decoraram e recitaram "Meus oito anos", comovidas até as lágrimas. A comoção tem que ver com a comiseração que sentimos pelo jovem poeta, falecido aos 21 anos de idade. Tem que ver também, quem sabe, com outro sentimento forte, que o poema e sua circunstância podem suscitar em nós: a autocomiseração. Mas voltemos à questão central.

Baudelaire diria que, para além ou aquém da ingenuidade do tema, Casimiro de Abreu é, de fato, um poeta ingênuo. O poeta verdadeiro, na teoria baudelaireana, é aquele que *recupera* a infância e não o que chora a sua perda e se queixa da impossibilidade de voltar a ela. "Meus oito anos" fala de uma realidade vista pelos olhos da criança, e a voz (isto é, a postura, a linguagem, as ilações) tem mais ou menos a mesma idade. O gosto moderno, herdeiro de Baudelaire, considera não só piegas como artificial esse tipo de sentimentalismo.

Por isso Casimiro anda ausente, há décadas, dos livros escolares, das antologias, da lembrança dos leitores. Um dos últimos a se lembrar dele foi Oswald de Andrade (1890-1954), nos idos de 1927, mas para lhe dedicar uma paródia, com o mesmo título do poema famoso:

Oh que saudades que eu tenho
Da aurora da minha vida
Das horas
Da minha infância
Que os anos não trazem mais
Naquele quintal de terra
Da Rua de Santo Antônio
Debaixo da bananeira
Sem nenhum laranjais.

Pois é, você deve estar pensando: paródia, mas nem tanto. Irreverente e debochado, Oswald, neste caso, parece ter puxado o freio de mão. Seu poema não ridiculariza a ingenuidade do poeta romântico, apenas torna-a mais atual e, de certo modo, lhe rende homenagem. Caso semelhante ocorre com outro poema outrora famoso, "Visita à casa paterna", do parnasiano Luís Guimarães (1845-1898), que trata do mesmo tema, embora em diapasão menos ingênuo, num soneto cujo primeiro quarteto é como segue:

Como a ave que volta ao ninho antigo,
Depois de um longo e tenebroso inverno,
Eu quis também rever o lar paterno,
O meu primeiro e virginal abrigo.

Cassiano Ricardo (1895-1974), modernista como Oswald, dedicou-lhe outra paródia, também intitulada "Visita à casa paterna", que começa num tom levemente jocoso, mas acaba enveredando por um rumo sério, só ligeiramente alterado pela referência irônica à "taquigrafia" e às "palavras", no final:

O flautim do meu sangue soluça
diante de uma fotografia.
As folhas vestem de perguntas verdes o silêncio.

Ouve-se o musgo caminhar, no muro,
entre as formigas.
A única coisa quieta
é a pedra

que me taquigrafa as palavras
e as rugas.

E é melhor parar por aqui, senão isso não teria fim: é notável o número de poetas que renderam homenagem ao poema famoso de Casimiro de Abreu, que só perde para outro, a "Canção do exílio", de Gonçalves Dias, igualmente glosado e parafraseado pelos românticos e pós-românticos, e no geral ironizado pelos modernos.

O fato é que saudade da infância, da casa paterna, do primeiro amor, da cidade natal, da pátria; a saudade, enfim, de um passado que só existe na memória constitui um núcleo denso de sentimentalismo, pisado e repisado pela tradição, a ponto de se tornar lugar-comum, rejeitado pelos modernistas. A arte do século XX pode até encarar com simpatia a inocência, desde que aliada ao espírito crítico, e com a parcela de malícia decorrente desse inusitado consórcio, conforme o modelo proposto por Baudelaire, mas não assim com a ingenuidade simplória dos sentimentos primários. Isso não impede, porém, que vários dos nossos poetas modernos rendam seu tributo ao sentimentalismo, às vezes disfarçado de paródia atenuada. Moderna para valer é a saudade da infância expressa pelo poeta dos heterônimos, como veremos a seguir.

POBRE VELHA MÚSICA

Pobre velha música!
Não sei por que agrado,
Enche-se de lágrimas
Meu olhar parado.

Recordo outro ouvir-te.
Não sei se te ouvi
Nessa minha infância
Que me lembra em ti.

Com que ânsia tão raiva
Quero aquele outrora!
E eu era feliz? Não sei:
Fui-o outrora agora.

FERNANDO PESSOA [Lisboa: 1888 – 1935]. *Obra Poética*, Rio de Janeiro, José Aguilar, 1960, pp. 70-71.

LOGO AO PRIMEIRO CONTATO, VERIFICAMOS QUE "POBRE velha música" é, sem disfarce, um poema sobre o velho tema da saudade da infância, mas não é uma paródia e não é nada ingênuo. É só compará-lo a "Meus oito anos". Se ali o olhar é infantil e a voz, digamos, adolescente, aqui é impossível dissociar olhar e voz, de adulto. Ao se recordar da "pobre velha música", o poeta não se entrega à ilusão de voltar à infância, mantendo-se firme na lucidez de quem pondera e analisa. Na primeira estrofe, ele ainda esboça uma eventual entrega ao sentimentalismo, quando seu olhar "enche-se de lágrimas". Mas, logo em seguida, aquele desconcertante "recordo outro ouvir-te" determina o tom aparentemente frio, certamente impiedoso, com que é tratado o tema da saudade. O poeta submete o tema ao diagnóstico da razão, em vez de se submeter a ele, e a frieza é só aparente. Repare na crispação emotiva com que se abre a terceira estrofe: "Com que ânsia tão raiva / Quero aquele outrora!".

(Você diria que "impiedoso" sou eu. Onde já se viu comparar um poeta limitadíssimo, como nosso jovem romântico, a um dos maiores poetas do mundo moderno! Não teria sido mais justa a comparação entre dois do mesmo porte? Você tem razão, eu talvez tenha exagerado. Minha intenção foi salientar a diferença, que só é indiscutível nos extremos, para que você possa, aos poucos, ir firmando suas convicções, tanto em relação ao gosto pessoal quanto aos juízos de valor, que não devem limitar-se a simplismos do tipo eu-gosto-então-é-bom. Mas voltemos à "Pobre velha música".)

A primeira leitura, superficial, já põe em destaque a superior qualidade do texto enquanto capacidade de síntese, a concisão levada ao extremo. Nenhum momento de lassidão ou entrega, nenhuma repetição; cada verso acrescenta ao anterior uma reflexão ainda mais densa; o ritmo é sincopado, feito de lances breves, frases curtas e incisivas. Veja como, em "Meus oito anos", o ritmo é espraiado e frouxo, o texto marcado de repetições, que, em ondas suaves, retornam sempre ao ponto de partida: "Oh! que saudades que tenho". Mas isso não é tudo.

Além da concisão, além da tensão emocional daí resultante, o poema se vale de uma das marcas registradas de Fernando Pessoa, os paradoxos, responsáveis pela margem de estranheza injetada no poema. Isso mexe com o leitor, obriga-o a reler, intrigado, na tentativa de captar o enigma. Compare-o, mais uma vez, ao poema de Casimiro de Abreu. Ali o leitor não é estimulado a reler, nada o inquieta, nada lhe parece estranho. Ao contrário, o título promete uma lamentação sentimental em torno da saudade da infância e cumpre. Nenhuma surpresa. Aqui, a primeira estrofe ameaça prometer o mesmo, mas não cumpre. A cada verso, o leitor vai sendo apresentado a uma afirmação enigmática. O poeta romântico adula o leitor, induzindo-o a sentir, mais uma vez, aquilo que é lugar-comum sentir, quando se trata de saudade da infância. Pessoa, não: surpreende o leitor com ângulos novos, força-o a pensar, e a sentir de outro modo...

Já na primeira estrofe nos deparamos com a sutileza. O olhar parado que se enche de lágrimas representa a imagem convencional do sentimentalismo. Ao se recordar da infância, estimulado pela audição da música, o poeta se põe a contemplar o vazio e, com o olhar parado, chora. Temos aí, em meia dúzia de palavras, todo o sentimento que "Meus oito anos" gasta seis estrofes para transmitir. A sutileza está naquele "não sei por que (por qual, graças a qual) agrado". *Agrado*? Isso não quer dizer conforto, prazer, satisfação? Pois é isso mesmo. A tristeza pela perda irremediável da infância não costuma vir só: vem acompanhada do seu contrário. A pessoa se lamenta, mas não chega a esconder que encontra certo prazer em sofrer a saudade da infância. Saudade, enfim, é um sentimento ambíguo – e isso ainda é lugar-comum. Pessoa não só não o esconde como investiga o porquê da ambiguidade. Repare que ele não se limita a registrar algo do tipo "meus olhos se enchem de lágrimas e isso me agrada". A clave em que ele se dispõe a tocar essa música é "Não sei", e segue escrevendo, para tentar saber.

A música, por acaso ouvida agora, é a mesma que ele ouvia na infância, e esse acaso propicia, ao mesmo tempo, a associação e o poema. A associação desencadeia a saudade e ele desfia a recordação. Da infância, ou da música então ouvida? Não exatamente. Ele se recorda do *modo como* ouvia, "recordo outro ouvir-te", isto é, outra atitude, outra disposição, certamente mais descontraída, mais inocente que a do adulto. A música é a mesma, mas o poeta sabe que ele já não é o mesmo.

Como ter certeza de que a atitude inocente da criança foi de fato experimentada na infância? Pode não passar de uma suposição do adulto. Este sabe o que sente, ou pelo menos se esforça para chegar a isso. A criança, não. Não sabe nem está interessada em saber: a criança se limita a ouvir. Por isso o adulto chega a duvidar: "Não sei se te ouvi / nessa minha infância / que me lembra em ti". De certo modo, é outro lugar-comum. A saudade da infância, ou de qualquer outro bem perdido, leva-nos a distorcer esse bem, a pintá-lo de outras cores, ou a envolvê-lo em outra melodia, para ficarmos com a mesma sugestão musical do poeta.

Uma verdade universal, você não acha? O bem perdido adere à memória; a ausência ou a distância impedem que a imagem se renove e se atualize; a imaginação, não encontrando barreiras, começa a atuar. No fim, acabamos ficando com uma infância ideal, quase sempre melhor do que a de fato vivida. Quantas vezes nos recusamos a rever uma afeição antiga (a cidade natal, o amigo que não vemos há anos, o primeiro amor...), com medo de nos decepcionar? Preferimos ficar com a lembrança pura, intacta, na memória.

Tais reflexões já seriam suficientes para sustentar um belo poema, mas Pessoa não se dá por satisfeito. Primeiro porque falta frisar que a análise rigorosa, racional, a que a saudade é submetida não anula as emoções. Ao contrário, torna-as ainda mais intensas. Apesar da objetividade da reflexão, ele ainda continua querendo o impossível – voltar à infância, recuperar o passado: "Quero aquele outrora". Não se trata mais de "reviver", sentimentalmente, umas tardes fagueiras, debaixo dos laranjais, já que isso é perfeitamente possível: basta aceitar a ilusão. Trata-se de expressar um sentimento novo, mais fundo, emoção impregnada de razão, ou vice-versa: "ânsia tão raiva".

Falta, enfim, considerar o que parece ser o ponto-chave do tema da saudade da infância: a felicidade. O lugar-comum é que, ao sentir saudade da infância, exaltamos a felicidade perdida, para com isso sublinhar a infelicidade presente. É o que faz Casimiro de Abreu. Bem analisadas as coisas, isso implica um dualismo artificial: ali a criança, aqui o adulto; ali a felicidade, aqui a infelicidade, como se fossem dois mundos distintos, como se num dado momento tivesse terminado o filme da infância e começado outro, o da idade adulta, com outro enredo, outro cenário, outros atores. Fernando Pessoa sabe que não é bem assim. Não consta que ele tenha lido Machado de Assis (1839-1908), mas se lesse teria apreciado a frase, lapidar, com que Bentinho, protagonista-narrador de *Dom Casmurro*, sintetiza a comparação que vai tecendo, entre a Capitu criança e a Capitu mulher: "O menino é pai do homem".

Por isso o poema termina com uma frase igualmente lapidar, tão intrigante quanto a do velho Machado, em que o dualismo se desfaz. Não são dois mundos distintos, seria insensatez isolar em compartimentos estanques a felicidade da infância e a infelicidade da idade adulta. Ao indagar "E eu era feliz?", o poeta não faz uma pergunta retórica, ele efetivamente não sabe se foi feliz. A resposta só poderia ser este paradoxo exemplar: "Fui-o outrora agora". Fui ou sou? Fui agora ou sou outrora? Absurdo, sem sentido, você diria, mas rigorosamente lógico. É a conclusão inevitável a que poderia levar a reflexão empreendida pelo poema, a partir do primeiro verso.

EXERCÍCIO DE CRIAÇÃO

1

A universalidade do tema proposto por "Meus oito anos" sugere um exercício mais ou menos óbvio: escrever sobre a saudade da infância. Faça isso, então, na esteira de Casimiro de Abreu, se for do seu agrado. Mas se você seguir o exemplo de Oswald de Andrade, ou o de Cassiano Ricardo, introduzindo algum humor, alguma ironia, talvez o exercício se torne mais estimulante.

2

Concentre sua atenção em algum objeto, uma imagem, uma foto, um cheiro, seja o que for, que você de repente encontre no caminho e subitamente lhe lembre a infância. Fale a respeito desse encontro casual, mas se esforçando ao máximo para resistir ao sentimentalismo e à autocomiseração.

VII

AUTOCONHE
CIMENTOPA
ISAGEMNA
TURALDEVA
NEIOCOTI
DIANOBELE
ZAINFÂNCIA
AMORMOR
TEOEUEO
OUTROAPRÓ
PRIAPOESIA

VII

AMOR

AMOR É UM FOGO QUE ARDE

141é ferida que dói, e não se sente;
é um contentamento descontente,
é dor que desatina sem doer.

É um não querer mais que bem querer;
é um andar solitário entre a gente;
é nunca contentar-se de contente;
é um cuidar que se ganha em se perder.

É querer estar preso por vontade;
é servir a quem vence o vencedor;
é ter, com quem nos mata, lealdade.

Mas como causar pode seu favor
nos corações humanos amizade,
se tão contrário a si é o mesmo Amor?

LUIS DE CAMÕES [Coimbra (?): 1524 ou 1525 – Lisboa: 1580]. *Lírica Completa*, vol. II, Lisboa, Imprensa Nacional, 1980, p. 83.

MAIS DO QUE A SAUDADE DA INFÂNCIA, MAIS DO QUE O autoconhecimento, mais do que a Natureza, mais do que o devaneio, o amor é de longe o tema dominante da poesia tradicional. Na sua forma clássica, por longo tempo, o amor representou a suprema realização afetiva das pessoas, sendo associado invariavelmente à idealização espiritual. No século XX, ocorrem mudanças significativas: o tema passa a acolher boa dose de erotismo, antes condenado ao segundo escalão da poesia satírica ou burlesca; deixa de ser um tema exclusivamente lírico, podendo ser tratado como objeto híbrido, misto de sátira e lirismo; a mulher deixa de ser alvo de adoração platônica, para se transformar, antiteticamente, ou em mito ou em ser de carne e osso. Em muitos casos, o poeta moderno simplesmente silencia a respeito do amor, partindo da certeza de que tudo já foi dito e de que não vale a pena repetir lugares-comuns.

Uma das explicações para o fato de o amor ter ocupado, por tanto tempo, a preocupação maior – tanto do poeta, quanto do leitor de poesia – é que, como diz Manuel Bandeira, todos nós somos poetas aos 18 anos de idade; o difícil é continuar, depois dessa idade. Sendo o amor uma experiência universal, e a adolescência o período em que habitualmente se dá a sua descoberta, é (era) natural que nessa idade a experiência seja (fosse) convertida em versos comovidos. A poesia lírica não se relaciona diretamente ao devaneio, à confissão íntima, ao extravasamento? Se na sociedade de hoje as coisas mudaram um pouco, é que o homem moderno vem descobrindo e experimentando outras formas de afirmação e comunicação dessa experiência decisiva. Como tudo o mais, o amor também é uma questão de estilo de época, e não me refiro só a estilo literário. As formas do amor também estão sujeitas às imposições da moda.

A moda medieval, que se estende e se aprofunda no período clássico, é o amor ideal, logo tornado clichê: o amor puro e imaculado, que une duas almas gêmeas (dá para ouvir o lamento dos violinos?); pelo menos é o que o poeta espera, e apregoa, embora aqui e ali se queixe de que o corpo insiste em se intrometer. Ele então recorre ao malabarismo das metáforas, a fim de apresentar como aspiração espiritual o que muitas vezes é sensualismo disfarçado, atração carnal. Sexo é tabu, sexo foi tabu, durante séculos, assim na vida como na poesia.

Se julgarmos só pela poesia lírica, concluiremos que nossos antepassados, até o século XIX, em matéria de amor, se comportavam como Adão e Eva, antes da maçã. Acontece que o lirismo, sendo considerado gênero "nobre", está sujeito a regras e restrições. Mas a sátira e a comédia, gêneros tidos como "vulgares", eram mais liberais, às vezes libertinos. Graças a isso, ficamos sabendo que não foi bem assim.

Já na Idade Média, temos as cantigas de escárnio e de maldizer, em que o amor é aquilo mesmo que hoje sabemos, e aceitamos, ao lado das recatadas cantigas de amor e de amigo; no Classicismo, Camões expõe nos sonetos, nas odes e nas canções a sua concepção de amor platônico e deixa para as redondilhas, de sabor mais popular, o amor sensual, cheio de descontração e realismo. Mas, leia com atenção o soneto antológico "Amor é um fogo que arde". Você diria que essa comparação emblemática – amor é como fogo – é puro espiritualismo? É por essa razão, entre outras, que Camões é considerado um grande poeta, e até hoje continua a ser lido, imitado, parafraseado. (Lembra-se daquele "De noite ardo", do primeiro poema que analisamos? Agora sabemos onde Vinicius foi buscar inspiração.)

Nos séculos XVII e XVIII, a situação não muda. Sensualismo e erotismo só encontramos na sátira, nos gêneros burlescos, com Gregório de Matos, Bocage e outros. O "bom gosto" dos salões e das academias, e a moral vigente, continuam exigindo da poesia lírica o máximo pudor, a espiritualização e a adoração da mulher como ser quase divino, elo de ligação entre a precariedade terrena e a vida eterna, à qual o amor puro facultaria o acesso.

No Romantismo tem início a liberação, ainda muito tímida, é verdade, se a compararmos ao que temos hoje. Podemos falar em transição para a visão moderna do amor. O que os românticos fazem é atenuar o rigor das restrições morais e literárias, dando maior vazão ao sensualismo, na poesia lírica, e passando a encarar o amor com um mínimo de descontração e veracidade, graças ao envolvimento autobiográfico. Com isso, o amor vai deixando de ser uma entidade abstrata e de certo modo impessoal, como tinha sido para os clássicos, e começa a se tornar experiência de vida, sujeita às atribulações e à relatividade das vontades individuais.

Veja, por exemplo, estas estrofes do poema "Adormecida", de Castro Alves (1847-1871), talvez o mais sensual dos nossos românticos:

Uma noite, eu me lembro... Ela dormia
Numa rede encostada molemente...
Quase aberto o roupão... solto o cabelo
E o pé descalço do tapete rente.

De um jasmineiro os galhos encurvados,
Indiscretos entravam pela sala,
E, de leve oscilando ao tom das auras,
Iam na face trêmulos – beijá-la.

Era um quadro celeste!... A cada afago
Mesmo em sonhos a moça estremecia...
Quando ela serenava... a flor beijava-a...
Quando ela ia beijá-la... a flor fugia...

Castro Alves reflete, em poemas como este, uma das facetas do amor romântico: a afetividade brejeira e maliciosa, que não esconde, ao contrário enfatiza, o prazer do contato físico. Para outros poetas do tempo, no entanto, o que predomina é o amor fatídico, muitas vezes associado... à morte. É a faceta dramática e pungente do amor como experiência culminante, que leva o homem à sua realização máxima, irrepetível, devendo ser imortalizada pela autodestruição. Por isso não é raro, na fantasia dos românticos, o encontro amoroso acontecer entre (ou sobre) as lajes de um cemitério, e o êxtase ocorrer diante do cadáver da mulher amada. Você está certo: os românticos radicais, quase dois séculos atrás, anteciparam o gosto macabro de estilos contemporâneos, como o *dark* e o *gótico*.

Isso mostra que a evolução da poesia amorosa não conheceu uma progressão uniforme e linear. Houve muitos avanços e recuos, especialmente nas últimas décadas do século XIX, no período simbolista. Nessa altura, temos lado a lado, por exemplo, a sensualidade exacerbada, às vezes angustiada, de vários poemas de Cruz e Sousa, e o lirismo amoroso altamente espiritualizado, místico, do seu contemporâneo Alphonsus de Guimaraens (1870-1921), ou até do próprio Cruz e Sousa, em outros poemas.

A liberação mais radical só se deu no século XX. O amor concebido pelos surrealistas, por exemplo (André Breton, um dos expoentes do Surrealismo, tem um livro intitulado *L'amour fou*, "O amor louco"), é uma espécie de síntese das duas tradições, a espiritualista, que vem dos trovadores medievais, e a sensualista, praticada em larga escala a partir do Romantismo. O erotismo ganha livre curso, não só na pintura como na literatura, sem barreiras de qualquer espécie, mas ao mesmo tempo o amor passa a ser visto como experiência visionária, por vezes esotérica, destinada a libertar as forças secretas da natureza, latentes no homem, tornando-o um ser superior a si mesmo, quase divino. Com isso, a mulher pode voltar a ser encarada como mito, síntese perfeita de espírito e matéria, sexualidade e transcendência mística.

Pausa para esclarecimento.

Você reparou que já me referi à mulher idealizada, à mulher como elo de ligação entre a terra e o céu, à mulher transformada em mito... Isso é apenas a constatação de que, desde a origem, a poesia amorosa trata quase que exclusivamente do amor do homem pela mulher. Na tradição literária, a mulher-poeta e apaixonada é exceção. Existe o caso famoso, isolado, de sóror Mariana Alcoforado (1640-1723), a freirinha do século XVII, que se entregou de corpo e alma a um galante militar francês e registrou tudo numa série de... cartas. É preciso esperar até o final do século XIX para que surja uma escritora como Florbela Espanca (1894-1930), mulher corajosa, independente, e poeta de alto valor, autora de uma poesia acentuadamente erótica.

A situação convencional, em que a mulher é o alvo, o foco para onde o homem dirige sua aspiração amorosa, só começa a mudar na segunda metade do século XX, juntamente com a liberação feminina. O fenômeno é recente, mas já é possível perceber que a contribuição da mulher nessa área vem sendo decisiva para a constituição de um novo ideário amoroso, destinado a substituir a velha e unilateral equação homem-que-ama / mulher-que-é-amada, como a conhecemos, em poesia e fora dela, até recentemente. Se a poesia do terceiro milênio tiver alguma semelhança com a da tradição que perdura até o século XX, a relação amorosa de que ela der conta será necessariamente outra.

Sei que tudo isso é muito controvertido e, na verdade, não é meu propósito discutir convicções pessoais. A pausa serviu apenas para registrar um tema da mais alta relevância, a liberação feminina, que não podia passar em branco, já que estamos falando das realidades da nossa época. Serviu também para lembrar que lidar com poesia nos obriga justamente a encarar de frente essas realidades. Já se foi o tempo em que poesia servia de consolo ou refúgio. E o tema amoroso é um daqueles em que mais se evidenciam as mudanças e transformações do homem moderno.

IMITAÇÃO DA ÁGUA

De flanco sobre o lençol,
paisagem já tão marinha,
a uma onda deitada,
na praia, te parecias.

Uma onda que parava
ou melhor: que se continha;
que contivesse um momento
seu rumor de folhas líquidas.

Uma onda que parava
naquela hora precisa
em que a pálpebra da onda
cai sobre a própria pupila.

Uma onda que parara
ao dobrar-se, interrompida,
que imóvel se interrompesse
no alto de sua crista

e se fizesse montanha
(por horizontal e fixa),
mas que ao se fazer montanha
continuasse água ainda.

Uma onda que guardasse
na praia cama, finita,
a natureza sem fim
do mar de que participa,

e em sua imobilidade,
que precária se adivinha,
o dom de se derramar
que as águas faz femininas

mais o clima de águas fundas,
a intimidade sombria
e certo abraçar completo
que dos líquidos copias.

JOÃO CABRAL DE MELO NETO [Recife: 1920 – Rio de Janeiro: 1999].
Poesias Completas, 3ª ed. Rio de Janeiro, José Olympio, 1979, pp. 175-176.

JÁ SABEMOS QUE O POETA MODERNO REPUDIA CERTAS características da lírica tradicional, principalmente o excesso de sentimentalismo, o derramamento e o egotismo, isto é, a fixação do poeta no seu próprio Eu. Em língua portuguesa, João Cabral é um dos principais responsáveis pela defesa de uma poesia moderna, antissentimental e antissubjetiva, voltada para os objetos, e sobretudo construída com perícia de artesão consciente, para combater a ideia de poesia improvisada ao sabor da inspiração.

"Imitação da água" é uma composição típica da nova poética defendida por João Cabral e, entre outras características, é repleta de sutilezas. Não se iluda com sua aparente simplicidade. De que trata o poema? Da mulher, não é mesmo? O poema começa descrevendo uma mulher deitada "de flanco sobre o lençol". Em seguida compara-a a uma onda e, daí até o final, a comparação vai sendo desdobrada, reiterada (tudo parece um pouco repetitivo, você não acha?), e o intuito é erguer o retrato de uma figura feminina. Na verdade, é um lugar-comum: mulher e água já foram comparadas inúmeras vezes, por poetas das mais variadas tendências. Faz parte do que os teóricos chamariam "arquétipo". Da água se originaram todos os seres vivos, pelo menos essa é a teoria corrente; a mulher é a origem da espécie humana, com sua fertilidade... Daí a comparação ser um lugar-comum. Vamos ver se João Cabral conseguiu inserir algo novo no quadro conhecido.

A primeira novidade, no nível da expressão, é que o poeta adota, de início, a forma do diálogo, a fala amorosa tradicional, tratando a mulher como interlocutor ("...a uma onda... *te parecias*"), mas logo em seguida muda de rumo: deixa de *falar a* alguém e passa a *falar de*, quer dizer, da onda. E assim prossegue até o final, como que esquecido da mulher à sua frente. A interpelação só é retomada no último verso, por meio da forma verbal "copias".

Esse procedimento é inusitado. Na lírica tradicional, a fala amorosa tem sempre o tom insistente de quem se dirige repetidas vezes à mulher, tentando convencê-la do seu interesse e do seu apreço. Em "Imitação da água", não. Mais do que interlocutora, a mulher aí é tratada pelo poeta como ouvinte de uma fala dele, a respeito de... uma onda. É como se ele falasse sozinho, ou consigo mesmo, sem atribuir muita importância à presença da interlocutora. Mero disfarce, claro, despiste de apaixonado tímido. Ou muito sagaz.

A explicação envolve uma sutileza. Dirigindo-se à mulher, o poeta tradicional conta com o poder de persuasão da atitude por ele tomada: quanto mais insistente for sua interpelação, mais facilmente ela se deixará convencer, diga ele o que disser. João Cabral busca o mesmo objetivo, persuadir a mulher, mas dispensa a interpelação reiterada: ele espera que ela se deixe convencer, não pela atitude, mas pelo teor da fala em si, vale dizer pela comparação com a onda. A expectativa é de que ela se deixe seduzir pelo fato de estar sendo comparada a uma onda e não por estar sendo interpelada com insistência.

Isso pode ter várias interpretações. Vou-lhe passar a minha e depois você dirá se concorda ou não. Diante da fala amorosa tradicional, cheia de ah! e oh!, a mulher moderna desconfiará que estão querendo enganá-la, por meio de truques retóricos e apelos emocionais. Esse expediente será logo rechaçado, como demagogia. A mulher moderna exige honestidade, não se deixa seduzir pela fala adocicada de poetas sentimentais. Repare então no que faz João Cabral. Nenhum ah!, nenhum oh!; sua linguagem é sóbria e comedida, nenhuma ênfase no que vai sendo exposto. Corre por conta da mulher, e não da retórica, perceber que na verdade é dela que ele fala, e não da onda. Meu palpite é que isso é mais persuasivo do que a "cantada" tradicional, a não ser que se trate de uma mulher romântica à moda antiga. Aí o estilo Castro Alves seria suficiente. Difícil é saber se a estratégia moderna de João Cabral deve ser entendida como respeito à mulher, tratada como sujeito e não como objeto, ou se não passa de um truque hiper-refinado. Você, o que acha?

Seja como for, a comparação da mulher com a onda é a chave do poema. Até a quarta estrofe, que termina com o verso "no alto de sua crista", a comparação insiste na ideia de interrupção, pausa, parada. A imagem da mulher, até aí, reforça o qualificativo "deitada", da primeira estrofe. Ao deitar-se, a mulher se apresenta aos olhos dele como se estivesse em suspensão, como se tivesse decidido conter, momentaneamente, o movimento interior que a impele. A partir da quinta estrofe, que principia "e se fizesse montanha", o poema começa a produzir antíteses, uma atrás da outra.

Mesmo parada, horizontal e fixa como a montanha, a mulher continua água; interrompida, suspensa no ar, ela se faz finita mas esconde (guarda) a natureza sem fim, do mar; o cenário onde é retratada é ao mesmo tempo fechado (lençol, cama, um quarto) e aberto (mar, praia), interior e exterior, artificial e natural. Para unir os dois espaços: "praia cama". Por outro lado, a mulher se caracteriza, simultaneamente, pela imobilidade (estática) e pelo dom de se derramar (dinâmica); ao mesmo tempo que se recolhe na sua intimidade de águas fundas (introversão), parece envolver tudo em volta, num abraço completo (extroversão). Numa palavra: a mulher, ou essa mulher, pelo menos (o poeta não generaliza) é um ser ambíguo. O que a caracteriza é a duplicidade, é o estar, a uma só vez, presente e ausente, voltada para si mesma e para o homem à sua frente; parada, entregue à contemplação deste último, mas em movimento, exigindo dele que a acompanhe.

Repito, para que fique clara a estratégia: o poeta não diz nada disso diretamente à mulher. Tudo não passa de uma "desinteressada" comparação entre esta e a onda. A mulher ali está, ao lado do poeta, e ele simula nem se dar conta do fato, parecendo estar mergulhado na comparação em si. Mas vamos em frente, voltando um pouco atrás.

Repare no primeiro verso da segunda estrofe, "uma onda que parava", verso que se repete, exatamente igual, no início da estrofe seguinte, e volta a se repetir, com ligeira variação ("parara" no lugar de "parava"), no começo da quarta estrofe. Essa repetição sugere o movimento circular de ir e vir, avançar um pouco e recuar. Que movimento é esse? O da onda, claro. Mas não é também o movimento que os amantes executam, ou executariam, no ato amoroso?

Na verdade, a imagem central da onda serve de emblema, ao mesmo tempo, à mulher e ao próprio poema, com seu ritmo ondulatório. O título obviamente se refere à mulher, que imita a água. Mas o poema não faz a mesma coisa? "Imitação da água" designa então, simultaneamente, a natureza da mulher e a deliberação do homem, que decidiu construir o seu poema... imitando a água. A mulher é como a água; o poeta resolve que seu poema também o será.

Até esta altura, tudo aparenta rigorosa objetividade: a mulher, a cama, o quarto, a praia, a onda do mar. Mas de repente nos damos conta de que o poema também chama a atenção para si próprio. As palavras do poeta, com seu ritmo e estrutura, participam da cena, não se limitam a transmiti-la. Até aqui, tínhamos detido a atenção na cena em si; o poema, como tal, passara despercebido. (Eu avisei: o texto é repleto de sutilezas.) Na construção do poema, o que se destaca é o princípio de simetria: oito estrofes regulares, de quatro versos, todos com a mesma métrica, sete sílabas. (Tal metro, o redondilho maior, e é um dos mais antigos e populares da língua.) E são versos rimados – rima toante, como vimos no capítulo II –, embora não todos, mas aos pares: em cada estrofe, o segundo verso rima com o quarto. Para acentuar ainda mais a simetria e simbolizar com extrema sutileza o movimento obsessivo da onda, a rima é uma só: em *i*.

Simetria quer dizer: ordem, uniformidade, regularidade, precisão, equilíbrio... São qualidades do poema, sem dúvida, mas será exagero admitir que sejam também atributos do poeta? Assim como a mulher se reflete na imagem da onda, o poema reflete seu autor. Além disso, tais qualidades contrastam com a natureza feminina, tal como descrita pelo poeta. Daí a ideia de que a mulher seja instável, contraditória, ambígua, portanto misteriosa e indomável, e de que o homem seja o contrário disso tudo, razão pela qual se sente atraído por ela – e, simetricamente, espera atraí-la.

Por outro lado, uma vez descrita pelo poeta, a mulher passa a se enquadrar na simetria, na ordem e na regularidade concebidas por ele. O poema permite que ele a submeta e aprisione, não na realidade, mas numa rede de palavras, o único espaço em que seu domínio se exerce. Por isso ele começa por se dirigir a ela, o que indica proximidade, mas depois se afasta, a fim de observá-la à distância. Se a proximidade se estreitasse, talvez ordem, simetria, regularidade e tudo o mais fosse subvertido pelo movimento ondulatório, pela ambiguidade e pelo abraço completo dela.

Repare, enfim, que o poeta se dirige à mulher apenas em dois momentos: na abertura do poema, "te parecias", e no fecho, "copias". Duas formas verbais, que se estivessem na mesma estrofe comporiam uma rima perfeita e não toante ("parecias", na verdade, rima com "marinha", e "copias" rima com "sombria"). Isso acaba sendo um ótimo disfarce para a sutileza derradeira. Quando se chega a prestar atenção a essas duas formas verbais, a rima perfeita faz que não se perceba, de imediato, que o primeiro verbo está no passado, o que indica *distanciamento*, e o segundo, no presente, o que já denuncia *proximidade*. Ou seja, só no último verso o poeta aceita o fato de estar diante da mulher, junto dela, prestes portanto a se render ao fascínio que ela exerce. Antes, ele resiste e fala dela, ou a ela, como se a cena tivesse ocorrido no passado e ela não estivesse ali, diante dele, deitada de flanco sobre o lençol, encarando-o com seu olhar de águas fundas, naquela hora precisa em que a pálpebra da onda cai sobre a própria pupila. Ou naquela hora precisa em que um belo poema começa a ser gestado.

1

O soneto camoniano "Amor é um fogo que arde" é uma sucessão de "definições" categóricas, mediante as quais, a partir do primeiro verso, amor é... fogo, ferida, contentamento, dor, não querer, andar etc. Escolha uma dessas definições, a que mais lhe agrade ou a que pareça mais promissora, e desdobre-a, para expor a sua ideia do sentimento amoroso, e não para repetir ou parafrasear a ideia do poeta.

2

Onda, mar, praia, cama, lençol, mulher... o poema de João Cabral é repleto de estímulos, que podem ser desenvolvidos por variados caminhos. Agora, se você estiver disposto a enfrentar um bom desafio (semelhante ao que foi proposto em alguns exercícios anteriores), reescreva o poema todo, mas do ponto de vista dessa mulher silenciosa, "de flanco sobre o lençol", ouvindo o poeta falar, falar... tirando aquela onda.

VIII

AUTOCONHE
CIMENTOPA
ISAGEMNA
TURALDEVA
NEIOCOTI
DIANOBELE
ZAINFÂNCIA
AMOR**MOR**
TEOEUEO
OUTROAPRÓ
PRIAPOESIA

VIII

MORTE

DE MALAS PRONTAS

Vários dos seus amigos mortos dão hoje nome a ruas e praças.
Ele próprio se sente um pouco póstumo quando conversa
[com gente jovem.
Dos passeios, raros, a melhor parte é a volta para casa.
As pessoas lhe parecem barulhentas e vulgares. Ele sabe de
[antemão tudo quanto possam dizer.
Nos sonhos, os dias da infância são cada vez mais nítidos e fatos
aparentemente banais do seu passado assumem uma
[significância que intriga.
O vivido e o sonhado se misturam agora sem lhe causar espécie.
É como se anunciassem um estado de coisas cuja possível
[iminência não traz susto.
Só curiosidade. E um estranho sentimento de justeza.

JOSÉ PAULO PAES [Taquaritinga, SP: 1926 – São Paulo: 1998]. *Socráticas*,
São Paulo, Companhia das Letras, 2001, p. 79.

NOSSOS HÁBITOS, CRENÇAS E VALORES TENDEM A ENCArar a morte como mistério insondável, acima da capacidade e da compreensão humanas. Em nossa cultura, falar da morte atrai... a morte. Assim, impedidos de falar e até de pensar a respeito, procedemos como se a morte não existisse e acabamos alimentando uma falsa ideia da vida: fingimos que somos imortais. Talvez um dia o tema venha a ser enfrentado com a mesma franqueza que hoje dedicamos ao sexo, a certas doenças outrora "proibidas", ao racismo, às drogas, às relações familiares e assim por diante. Afinal, quem precisa de tabus e preconceitos? Mas, se na vida cotidiana a morte é tabu, em poesia é tema franco. Não chega a ser tão frequente quanto o amor ou a Natureza, mas tem merecido a atenção dos poetas, desde a origem.

De início, é preciso distinguir, no tratamento do tema, três categorias de interesse. Primeiro, mais comum, a morte como acontecimento, vale dizer, a morte de alguém, a morte alheia, tomada como tema pelo poeta; segundo, a morte como acessório, tema secundário, destinado a reforçar o tratamento do tema principal, quase sempre o amor; terceiro, a morte como hipótese, isto é, as cogitações do poeta a respeito da sua própria morte, como é o caso, exemplar, do belo poema, discretamente comovido e o seu tudo-nada irônico, de José Paulo Paes, "De malas prontas", um poema, aliás, de publicação póstuma.

Comecemos pela morte como subtema. Vários poetas do século XVIII, por exemplo, os nossos árcades, adeptos de uma poesia singela, baseada em sentimentos sóbrios e delicados, se referem à morte com leveza, sem arrebatamento, apenas para sublinhar as aflições inerentes ao... amor, como na estrofe de abertura de um célebre poema de Domingos Caldas Barbosa (1740-1800):

É a minha triste vida
Sempre penar, e sofrer;
Vou morrendo a todo o instante
Sem acabar de sofrer.

O leitor logo percebe que é jogo de cena, truque retórico. Em momento algum chegamos a imaginar que o sentimento aí expresso seja a antecâmara do suicídio. O que ele pretende é sensibilizar a mulher amada (invocada uma única vez, na segunda estrofe: "meu bem"), responsabilizando-a por qualquer desatino que ele venha a cometer, caso ela não corresponda, com igual intensidade, ao amor que ele diz nutrir por ela.

Isso vem de longe, não foi inventado por Caldas Barbosa ou outro poeta do seu tempo. Os trovadores medievais já recorriam ao mesmo expediente – você se lembra do "...ca já moiro por vós" (porque já morro por vós), de Paio Soares de Taveiros, apresentado no primeiro capítulo. Os clássicos o utilizaram largamente, os românticos abusaram. Gonçalves Dias (1823-1864), um dos nossos românticos mais característicos, deu formas definitivas a essa encenação retórica, no famoso poema "Se se morre de amor", mas haveria muitos outros exemplos: é raro o poeta brasileiro ou português que, pelo menos uma vez, não tenha morrido de amor. O abuso foi tanto que virou clichê, francamente repudiado no século XX. O desejo de realismo, marcante na mentalidade moderna, levou o poeta a dissociar amor e morte, para conferir a cada um dos temas, isoladamente, um tratamento mais direto.

Já a morte como acontecimento está menos comprometida com truques e artifícios retóricos. O grande modelo desse tratamento da morte é o célebre episódio de Inês de Castro, em *Os Lusíadas*. De modo impessoal, sem se envolver subjetivamente na matéria narrada, Camões descreve o sacrifício da amante de d. Pedro com tal poder de comoção que a passagem se tornou uma espécie de paradigma, imitado e parafraseado ao longo dos séculos, em poesia, em prosa e em teatro. Poderíamos escrever um livro inteiro sobre os desdobramentos literários do episódio da morte de Inês, segundo Camões, mas vamos registrar apenas um exemplo, um fragmento do poeta modernista brasileiro Jorge de

Lima (1893-1953), que você poderá comparar ao modelo camoniano que lhe serviu de inspiração:

Estavas, linda Inês, posta em sossego,
de teus anos colhendo doce fruito,
naquele engano da alma, ledo e cego,
que a Fortuna não deixa durar muito,
nos saudosos campos do Mondego,
de teus fermosos olhos nunca enxuito,
aos montes ensinando e às ervinhas
o nome que no peito escrito tinhas.

(Luís de Camões, *Os Lusíadas*, canto III.)

Estavas linda Inês posta em repouso
mas aparentemente bela Inês;
pois de teus olhos lindos já não ouso
fitar o torvelinho que não vês,
o suceder dos rostos cobiçoso
passando sem descanso sobre a tez;
que eram tudo memórias fugidias,
máscaras sotopostas que não vias.

(Jorge de Lima, *Invenção de Orfeu*, canto II.)

Inspiradas ou não em Camões, são em grande número as elegias dedicadas pelos poetas à morte de um ente querido. Entre as mais conhecidas estão "Cântico do calvário", de Fagundes Varela (1841-1875), "Pequenino morto", de Vicente de Carvalho (1866-1924) e "O esquife", de Luís Guimarães, todos a propósito da perda de um filho – filha, no caso deste último. Nessa linha, inclui-se o soneto "A Carolina", que Machado de Assis dedicou à morte da esposa. A lista poderia crescer por várias páginas, confirmando que o poeta, ao contrário do homem comum, não se recusa a discorrer sobre a morte. A ênfase quase sempre recai sobre a forte carga emocional decorrente do evento fúnebre: dor intensa, desalento, perplexidade diante do inevitável. Quase sempre, também, a resignação é nota marcante, numa postura de sóbria dignidade, como no caso do soneto de Machado, solene e contido.

Mas, quando se trata de cogitar sobre sua própria morte, o

poeta, sobretudo o romântico, põe de lado a postura comedida e expressa o sentimento exasperado, inconformado, de quem se descobre... mortal. É que o tema se tornou verdadeira obsessão entre os românticos, subvertendo-se unilateralmente o tabu: do lado de cá, as pessoas fazendo o possível para fingir que a morte não existe; do lado de lá, os poetas firmemente empenhados na ideia de morrer, apaixonados pela morte. A história literária chama essa obsessão de "mal do século".

A ironia é que a morbidez romântica tem pouco a ver com a morte propriamente dita. Tem a ver, sim, com uma concepção idealizada da vida. Os românticos alimentam aspirações extremadas: a felicidade plena, a beleza eterna, o amor absoluto, o êxtase infinito. Como nada disso é possível, e como a hipótese do meio termo é repudiada, eles então se entregam a uma espécie de culto da morte. A levar uma vida inferior àquela que almejam, preferem morrer... O ideal romântico passa a ser, então, morrer no apogeu da existência. Para os clássicos e os antigos, a morte é associada à velhice, à decadência, à perda progressiva da energia vital; para os românticos, é vinculada à juventude. Castro Alves é um dos poetas que com mais propriedade expressaram esse ideal. Repare nos fragmentos a seguir, extraídos do seu poema "Mocidade e Morte":

Morrer... quando este mundo é um paraíso,
e a alma um cisne de douradas plumas...
Morrer – é ver extinto dentre as névoas
o fanal que nos guia na tormenta...
Ai! morrer – é trocar astros por círios,
leito macio por esquife imundo...
E eu sei que vou morrer... Dentro em meu peito
um mal terrível me devora a vida...
E eu morro, ó Deus!, na aurora da existência,
quando a sede e o desejo em nós palpita...

O quadro só muda de figura no século XX, quando os poetas começam a encarar a morte como fato natural. Com boa dose de realismo, alguma ironia e uma linguagem voltada para o coloquial, como em "De malas prontas"; livres portanto dos clichês, dos eufemismos e dos torneios retóricos, os poetas modernos passam a falar da morte, não com base na emoção provocada pelo acontecimento inesperado, mas com base na reflexão que a encara como inerente à vida. A morte é um parceiro, não um inimigo da vida. E José Paulo Paes tem antecedentes ilustres, bem próximos.

Já vimos um bom exemplo no poema "A morte absoluta", de Manuel Bandeira, no capítulo III. Mas Bandeira é um caso à parte. Tendo contraído tuberculose aos 18 anos, desenganado pelos médicos, ele abandonou os estudos e tentou várias estações de cura, indo parar em Clavadel, na Suíça. A partir daí, a morte passou a ser tema constante em sua poesia, de início num tom semelhante àquele de Castro Alves: revolta, inconformismo, descrença. Aos poucos, porém, foi aceitando a ideia e acabou por encontrar na certeza da morte um forte sentimento de placidez e serenidade. Graças ao internamento na Suíça ou graças ao amadurecimento que a experiência lhe propiciou (como saber?), Bandeira teve vida longa, vindo a falecer em 1968, aos 82 anos de idade.

A morte é tema constante também em outros dois poetas modernos: Augusto Frederico Schmidt (1906-1965) e João Cabral de Melo Neto (1920-1999). Neste último, aliás famoso a partir do poema dramático *Morte e vida severina*, o refinamento reflexivo em torno do tema da morte é de tal ordem que ele sistematicamente se refere à morte alheia, nunca à sua própria. Sua lucidez, porém, o levou a compor um poema, incluído na coletânea *Crime na Calle Relator* (1987), que seria a "transcrição" de um diálogo mantido com o psiquiatra, e que equivale a uma confissão:

"Por que da morte tanto escreve?"
"Nunca da minha, que é pessoal,
mas da morte social, do Nordeste."
"Seu escrever da morte é exorcismo,
seu discurso assim me parece;
é o pavor da morte, da sua,
que o faz falar da do Nordeste."

Partindo dos trovadores medievais e chegando até o século XX, percebemos que a morte é uma constante na poesia da nossa língua. Como tudo o mais, seu tratamento reflete os valores e opiniões, as crenças e os hábitos dominantes na cultura comum, filtrada pelo poeta. A linha evolutiva do tema assinala um processo de amadurecimento, em função do qual a morte vai aos poucos sendo encarada como questão filosófica, racional, e não como mistério insondável, e não mais como aquele esqueleto assustador, a foice erguida, prestes a cair sobre a cabeça dos inocentes, como fantasiavam os antigos. Nesse processo, teve papel decisivo o poeta português nascido nos Açores, Antero de Quental.

MORS-AMOR

A Luís de Magalhães

Esse negro corcel, cujas passadas
Escuto em sonhos, quando a sombra desce,
E, passando a galope, me aparece
Da noite nas fantásticas estradas,

Donde vem ele? Que regiões sagradas
E terríveis cruzou, que assim parece
Tenebroso e sublime, e lhe estremece
Não sei que horror nas crinas agitadas?

Um cavaleiro de expressão potente,
Formidável, mas plácido, no porte,
Vestido de armadura reluzente,

Cavalga a fera estranha sem temor:
E o corcel negro diz: "Eu sou a Morte!",
Responde o cavaleiro: "Eu sou o Amor!".

ANTERO TARQUÍNIO DE QUENTAL [Açores: 1842-1891]. *Sonetos*, 3ª ed., Lisboa, Sá da Costa, 1968, p. 152.

ANTERO DE QUENTAL É CONSIDERADO UM DOS MAIORES poetas da língua, sendo sempre incluído no rol dos mais hábeis sonetistas, ao lado de Camões, Bocage, Bilac e outros. Vamos aproveitar a oportunidade para conhecer um pouco mais de perto o soneto, essa forma clássica que resiste ao tempo e continua a ser praticada, embora com grande liberdade, no século XX.

Uma de suas principais características é a brevidade (quatorze versos, distribuídos por dois quartetos e dois tercetos), o que vem a ser um desafio à capacidade de síntese e concisão. Em seguida, temos a engenhosidade de sua estrutura: o metro fixo, quase sempre o decassílabo; o esquema de rimas que garante o entrelaçamento das estrofes, duas a duas; e o rigor lógico do encadeamento das ideias e imagens. Tudo isso representa mais desafio. Finalmente, a flexibilidade temática: tradicionalmente, o soneto não restringe os temas a serem abordados, prestando-se a toda e qualquer modalidade de expressão. Isso explica o fascínio que a forma exerce, há séculos, sobre a maioria dos poetas, incluindo os modernos.

Tomemos como exemplo "Mors-Amor". Os quartetos estão ligados entre si por dois elementos: as rimas, apenas duas (*passadas-estradas-sagradas-agitadas // desce-aparece-parece-estremece*), que se repetem em posições simétricas; e o encadeamento sintático ou *enjambement*, que liga o último verso do primeiro quarteto ao primeiro do segundo, sem interrupção. Nos tercetos, em vez de duas, temos três rimas (*potente-reluzente // porte-morte // temor-amor*), mas repare que a segunda interliga versos isolados, um em cada estrofe. Além disso, entre o primeiro e o segundo tercetos verificamos a mesma ausência de interrupção, o mesmo encadeamento sintático.

Antes de prosseguir, uma rápida observação a respeito do valor das rimas. Na versificação clássica, a rima não é considerada mero adorno e sobretudo não deve ser aleatória, forçada. Repare na maestria com que Antero as escolhe criteriosamente, atento à variação do timbre vocálico, para que este não se repita. Você não sabe o que é "timbre vocálico"? Simples: é a última vogal tônica do verso, a que comparece na rima. Lembra-se da rima toante? Ali, só se repete o timbre vocálico. Já na rima perfeita, como neste soneto, coincidem o timbre vocálico e os sons que vêm em seguida. Isole, em "Mors-Amor", a última vogal forte de cada verso e veja como nenhum timbre se repete: **á** e **é** – nos quartetos; **ê**, **ó** e **ô** – nos tercetos.

O entrelaçamento das rimas e o encadeamento sintático, ligando as estrofes duas a duas, nos levam a pensar no soneto como uma composição dividida em duas partes. Na primeira, é exposta uma ideia ou sentimento de ordem geral; na segunda, algum dado novo, de ordem particular, conduz a uma "conclusão", geralmente calcada no elemento surpresa. É o "fecho de ouro", elemento obrigatório no soneto tradicional.

O rigor do esquema de rimas, no soneto clássico, é invariável, mas a extensão das partes varia. Há casos em que a primeira se estende até o primeiro terceto, concentrando-se o fecho no segundo; em outros, de teor reflexivo mais apurado, a primeira parte se subdivide em dois segmentos, entre os quais se estabelece uma oposição tipo tese-antítese, ganhando a conclusão o caráter lógico de síntese. A sequência tese-antítese-síntese, própria do pensamento dialético, é uma das formas do raciocínio silogístico e comparece na maioria dos sonetos camonianos, por exemplo. O silogismo, caso você esteja em dúvida, é um tipo de argumento cujas partes, chamadas "premissas", são de tal forma amarradas que conduzem inevitavelmente a uma e somente uma conclusão. O exemplo clássico, surrado mas sempre elucidativo é: "Todos os homens são mortais", premissa geral; "Sócrates é homem", premissa particular; "logo – conclusão – Sócrates é mortal". Imagine a dificuldade que era, para o poeta clássico, compor um soneto baseado nessa estrutura. A partir do Romantismo, e em nome da liberdade de expressão, os poetas vão abandonando esse rigor lógico.

Poderíamos prosseguir nessa análise do soneto, suas formas e variações, sua estrutura, sua evolução histórica, por páginas e páginas, mas o que temos até aqui é suficiente para nos ajudar a interpretar "Mors-Amor".

O título, em latim, significa "morte-amor", e permite duas observações. Ligados por um hífen, amor e morte são aí anunciados como entidades inseparáveis, mutuamente dependentes. Essa dependência se confirma ao longo do poema, através dos contrastes, e ganha destaque no final. A segunda observação é que o elemento surpresa reside no fato de o amor só aparecer na última linha, associado à morte. Mas você não acha que o título, por antecipar essa associação, compromete o fator surpresa? Se o poema tivesse outro título, ou se não tivesse nenhum, a surpresa do último verso não seria mais contundente? (O que está em causa, aqui, não é propriamente a análise do texto – nós só analisamos o que está de fato escrito –, mas o conselho ao leitor-poeta: cuidado com os títulos muito explicativos, convém despistar.)

De qualquer modo, não temos dificuldade em visualizar, à primeira leitura, os elementos convocados pela imaginação do poeta: uma estrada, à noite, um cavalo negro a galope, montado por um cavaleiro "vestido de armadura reluzente". Trata-se de uma visão fantasmagórica, sonho ou pesadelo, uma alucinação, em que a morte é identificada com o cavalo, e o amor, com o cavaleiro. Trata-se também de uma estratégia. Em vez de discorrer conceitualmente sobre os temas abstratos do amor e da morte, o poeta escolhe representá-los por figuras concretas, num cenário facilmente perceptível. O leitor *vê* o Amor montado sobre a Morte, antes de pensar nos seus possíveis significados.

(Observe, a propósito, que a propensão ao fantasmagórico, frequente nas histórias em quadrinhos e em certos videogames de hoje, lembra muito o imaginário do poeta, sugerindo que o gosto atual e a avançada tecnologia não representam novas formas de conhecimento, mas o reaproveitamento de expressões antigas, primárias.)

A imagem dominante, ao longo do poema, é sem dúvida a do cavalo, caracterizado com força impressiva. O "negro corcel" é a primeira figura que surge na fantasmagoria do poeta, ocupa toda a primeira parte do poema, e só nos tercetos é que aparece a figura do cavaleiro. O fato de Antero representar a morte por um cavalo, e não por outra imagem qualquer (o esqueleto com a foice, por exemplo), se prende ao significado simbólico desse animal, comum a várias tradições culturais. Juan-Eduardo Cirlot, um estudioso da linguagem dos símbolos, afirma que o cavalo representa "as forças cegas e primitivas do caos original", assim como os "desejos intensos", pertencendo portanto à "zona do natural, do inconsciente, dos instintos".

Escolhendo o cavalo para simbolizar a morte, o poeta sugere que esta não deve ser entendida como o fim da vida, mas, ao contrário, como retorno às origens. Por outro lado, a escolha do poeta sublinha a ambiguidade subjacente à associação morte-amor, bem como a cada um dos polos, tomado isoladamente. A morte destrói, o amor cria. Mas às vezes o amor pode destruir, assim como a consciência da morte pode renovar o apego à vida. Além disso, figurar a morte no cavalo permite fechar o círculo – amor-cavaleiro – com lógica impecável.

Se o amor é o cavaleiro da morte, temos que esta é dominada ou pelo menos conduzida por aquele. A ideia que o poeta nos passa é de que o galope da morte vai arrastando o que encontra pela frente, com o "horror" de suas "crinas agitadas", e de que só o amor, "formidável, mas plácido", seria capaz, se não de impedir, pelo menos de atenuar o efeito destruidor dessa "fera estranha".

Na primeira parte, o poeta pergunta "donde vem" a morte, mostrando-se interessado na sua origem, na sua causa. Os versos seguintes sugerem que a morte, graças talvez à sua origem misteriosa, é ao mesmo tempo "sagrada" e "terrível", "tenebrosa" e "sublime", ou seja, é formada de contrastes, é a união de forças antagônicas. Na segunda parte, um contraste equivalente serve para caracterizar o cavaleiro-amor, que é ao mesmo tempo "potente" e "plácido". A ideia geral, óbvia, é de que a morte é uma força avassaladora e indomável. Mas, figurando o amor como o cavaleiro que a conduz, o poema nos passa também a ideia de que, uma vez igualmente concebido como experiência contrastante e ambígua, o amor se torna capaz de enfrentar a morte, extraindo da negatividade e de suas contradições um impulso vital sempre renovado. A associação corcel-cavaleiro, enfim, sugere que o amor se alimenta, não propriamente da morte, mas da consciência da mortalidade. Sabendo-se mortal, o homem se empenha a fundo no amor, tentando superar suas limitações.

O amor como experiência-limite, que leva o homem a se superar a si mesmo, origina-se de uma antiga concepção romântica, segundo a qual, como afirma Albert Béguin, "a Morte e o Amor podem pôr fim à separação dos indivíduos; as forças superiores que dormem dentro de nós nos são restituídas pela morte, que é a ressurreição". Mais adiante, Béguin se refere à "alegria de perecer a fim de renascer para uma vida mais elevada". Tal explicação confirma e reforça o que já tínhamos depreendido da simbologia do cavalo, e a análise mostra que a visão fantasmagórica do poeta, além de esconder uma densa e profunda reflexão sobre o tema, disfarçada sob as imagens do corcel e do cavaleiro, tem por trás de si uma antiga tradição cultural, no caso a romântica, à qual Antero se filia. Um comentário final, de ordem biográfica, pode ampliar nossa percepção do poema.

Antero foi também um político engajado, introdutor do socialismo em Portugal e apaixonado leitor de textos filosóficos. Não chegou a formular um pensamento próprio, mas colaborou para divulgar as grandes correntes da filosofia do seu tempo. No caso de "Mors-Amor", o complexo pensamento aí expresso tem afinidade com o idealismo de Hegel (1770-1831) e com o pessimismo de Schopenhauer (1788-1860), cuja influência levou o poeta a se interessar pelo budismo. Por fim, a morte não foi para ele apenas um tema literário ou de especulação filosófica, mas uma obsessão que o perseguiu por toda a vida, levando-o ao suicídio, quem sabe na expectativa de "perecer a fim de renascer para uma vida mais elevada".

1

Pense num tema ou num sentimento bem forte, pungente, trágico (mas, não se esqueça, isto é só um exercício: use a imaginação), e tente fazer como José Paulo Paes: escreva a respeito uns versos mais ou menos coloquiais, sem exagerar nos ahs! e ohs!, sem dramatizar. Tente encarar a coisa com algum distanciamento, ainda que seja mero disfarce. E com alguma ironia.

2

Escreva sobre a morte um poema de tipo tradicional – a morte de alguém, uma pessoa, um animal de estimação etc., ou um daqueles em que a morte é só pretexto, subtema acessório, só para reforçar outro sentimento qualquer, como nos exemplos do "...ca já moiro por vós", do "vou morrendo a todo o instante" ou do "se se morre de amor", todos lembrados neste capítulo. Neste caso, métrica e rima são de praxe.

IX

AUTOCONHE
CIMENTOPA
ISAGEMNA
TURALDEVA
NEIOCOTI
DIANOBELE
ZAINFÂNCIA
AMORMOR
TE**O**.**EU**.**E**.**O**
OUTROAPRÓ
PRIAPOESIA

IX

O EU E O OUTRO

NA CASA DEFRONTE DE MIM

Na casa defronte de mim e dos meus sonhos,
Que felicidade há sempre!

Moram ali pessoas que desconheço, que já vi mas não vi.
São felizes, porque não são eu.

As crianças, que brincam às sacadas altas,
Vivem entre vasos de flores,
Sem dúvida, eternamente.

As vozes, que sobem do interior do doméstico,
Cantam sempre, sem dúvida.
Sim, devem cantar.

Quando há festa cá fora, há festa lá dentro.
Assim tem que ser onde tudo se ajusta –
O homem à Natureza, porque a cidade é Natureza.

Que grande felicidade não ser eu!

Mas os outros não sentirão assim também?
Quais outros? Não há outros.
O que os outros sentem é uma casa com a janela fechada,
Ou, quando se abre,
É para as crianças brincarem na varanda de grades,
Entre os vasos de flores que nunca vi quais eram.
Os outros nunca sentem.

Quem sente somos nós,
Sim, todos nós,
Até eu, que neste momento já não estou sentindo nada.

Nada? Não sei...
Um nada que dói...

FERNANDO PESSOA [Lisboa: 1888 – 1935]. *Obra poética*, Rio de Janeiro, José Aguilar, 1960, pp. 357-358.

NOS PRIMEIROS CAPÍTULOS, INSISTIMOS NA INSTIGANTE equação de Ortega y Gasset "Eu = eu + minha circunstância", depois não voltamos ao assunto. Mas você percebeu que a ideia esteve presente, nas entrelinhas de quase todo o livro. Agora chegou o momento de retomá-la.

A maioria dos teóricos concorda: poesia, pelo menos a lírica, é "expressão do Eu". Acho que ninguém tem dúvida a respeito. Por isso o tema de que partimos foi o do autoconhecimento. Ao se dispor a escrever, o poeta de fato se concentra em si mesmo e se empenha em apreender as marcas específicas de sua individualidade. Acontece que esta não existe em si e por si, isolada do resto do mundo. Ao registrar no papel o conhecimento que tem ou adquire de si próprio, o poeta registra também, de alguma forma, ainda que não se proponha a isso, algum conhecimento do mundo que o rodeia. Não é exatamente essa a proposta do filósofo espanhol? E é essa também a ideia com que nos deparamos ao longo do livro, em todos os poemas, qualquer que fosse o tema abordado.

Na frase de Ortega y Gasset, podemos entender "circunstância" como ambiente, meio social, o quadro das relações que o indivíduo mantém, direta ou indiretamente, com as coisas, as pessoas, os valores, as instituições sociais e assim por diante. No caso do poeta, isso tudo pode estar representado por um cenário, rural ou urbano, por determinados objetos ou por referências a pessoas que ingressem na sua esfera de afetividade. O que nos interessa, para fins do tema deste capítulo, é o tipo de relação que o poeta estabelece com as pessoas, com o Outro. Nossa pergunta seria: como o poeta encara o seu semelhante?

De saída, poderíamos afirmar que, em princípio, o poeta não encara o seu semelhante. Sei que há certo exagero nisso, mas em seguida faremos a correção necessária. Estou afirmando que, ao longo da história da poesia, o poeta se mostra sempre muito cioso da sua condição de poeta, e por isso tem dificuldade em considerar o Outro como *semelhante*. O Outro, para o poeta, é o homem comum. Na aproximação ou na comparação entre ambos, o que se destaca é a diferença, não a semelhança.

Você se lembra de como nossa investigação começou? Pois é. A cantiga da ribeirinha não afirma, logo no primeiro verso: "No mundo non me sei parelha" (Não conheço no mundo ninguém semelhante a mim)? Paio Soares atirou no que viu e acertou no que não viu. Ele acha que ninguém se parece com ele porque ninguém amou tanto. Mas, repetida e parafraseada séculos afora, a frase vai se metamorfoseando, até ganhar o sentido de que o poeta é diferente do resto da humanidade, *em todos os níveis*. É uma frase lapidar, pode servir de emblema a toda a poesia lírica tradicional.

Por sua natureza subjetiva, a lírica não tem personagens, além do próprio poeta, que se recusa a contracenar, a dividir a cena com quem quer que seja. Figurantes potenciais, por ele invocados ou evocados, como a mulher amada, os filhos, os pais, os compatriotas, o índio, o negro, o escravo etc., tendem a ser mero prolongamento do seu mundo interior, não são pessoas individualizadas. Egocêntrico, o poeta tradicional encara o Outro como parte do cenário, parte da *circunstância* cuja única finalidade é situar e definir o seu próprio Eu.

Já vimos, nos vários poemas analisados, como essa ideia esconde sentimentos ambíguos. Às vezes o poeta se sente superior ao resto da humanidade. Castro Alves, por exemplo, no mesmo poema "Mocidade e morte", de que lemos alguns fragmentos, no capítulo VIII, afirma com todas as letras: "Eu sinto em mim o borbulhar do gênio". Outras vezes ele se autoagride: "E fico só esmagado sobre mim", como Sá-Carneiro. Às vezes sonha com mundos ideais, universos paralelos, a que só os poetas teriam acesso; outras vezes, anseia por se igualar ao homem comum, para poder viver a banalidade da vida cotidiana. De qualquer modo, o Outro é sempre não o semelhante, mas o diferente, habitando um mundo à parte.

Tal ideia, com suas ambiguidades, reflete o modo como o poeta encara a sociedade, aliado obviamente ao modo como esta o encara. Na antiguidade, na era clássica e no Romantismo, o poeta se considera e é considerado um misto de sábio e profeta, guia espiritual, capaz de iluminar o caminho dos mortais comuns, com as belezas que extrai de sua inspiração privilegiada. As nações se orgulham dos seus poetas máximos, gênios definidores da raça: Homero, Virgílio, Dante Alighieri, Ronsard, Camões... A partir do século XIX, durante a ressaca do Romantismo, a sociedade vai aos poucos perdendo o interesse pela suposta "beleza espiritual", passando o poeta a ser apenas um excêntrico, um inútil, incapaz de se empenhar, como toda a gente, no grande esforço comum de produção e consumo.

Sentindo-se à margem, mal tolerado, o poeta pós-romântico resolve apostar na estranheza, isto é, resolve acentuar ainda mais as diferenças entre ele e o homem comum. À medida que isso se acentua (a ambiguidade continua prevalecendo), acaba por descobrir o seu semelhante. Ao sentir-se banido da sociedade, o poeta identifica, exatamente aí, a condição que o iguala ao Outro. Só na poesia moderna é que o poeta reconhece em si o tanto de humanidade que o assemelha aos demais seres humanos, independentemente do fato de só uns raros serem poetas. O ponto de partida pode ser localizado em Baudelaire. O poema de abertura do seu livro famoso, *As Flores do Mal* (1857), invoca explicitamente o Outro: "hypocrite lecteur, mon semblable, mon frère" (leitor hipócrita, meu semelhante, meu irmão).

Ao longo do século XX, a consciência do Outro é uma presença cada vez mais constante, intensamente problematizada, em poesia. Isso tem a ver com o advento da psicanálise e com a expansão do pensamento existencialista. A psicanálise, nas primeiras décadas do século, é responsável por algumas "revelações", então surpreendentes, com as quais hoje convivemos como se fossem verdades banais: o sub e o inconsciente, os traumas e complexos, as fixações e transferências, as neuroses e psicoses, cujas raízes dormem em lembranças abandonadas nos subterrâneos da mente; a linguagem simbólica dos sonhos; a sexualidade; os atos falhos, isto é, os gestos que mostram uma coisa para dizer outra; em suma, a convicção de que o mundo interior de cada um esconde uma densa zona de mistério e incerteza.

O existencialismo, por sua vez, a partir dos anos 40, ensinou-nos a pensar na autoanálise como um processo que envolve três etapas, conforme o nível de conhecimento que vamos adquirindo de nós mesmos. Sartre afirma que, num primeiro estágio, apreendemos nosso "être-en-soi" (ser-em-si), espécie de massa vivente, informe, que nos iguala aos seres brutos da Natureza; depois atingimos nosso "être-pour-soi" (ser-para-si), aquela parte de nós capaz de ter consciência de si mesma: eu sou alguém que é e sabe que é; por fim, alcançamos o nível superior do "être-pour-autres" (ser-para-outros), a consciência de que a existência individual só adquire pleno sentido quando em relação com outras existências individuais. Ortega y Gasset: Eu sou eu mais minha circunstância.

Nada disso teria muita importância, para nós, não fosse a acentuada vocação filosófica de vários dos grandes poetas modernos, que se deixaram atrair e seduzir pela psicanálise, pelo existencialismo e outras variedades de indagação sobre a vida em sociedade. Para os poetas da modernidade, a poesia, sem deixar de ser jogo, entretenimento ou contemplação estética, é também uma poderosa arma de especulação reflexiva, uma via de acesso ao conhecimento da realidade comum a todos nós.

Leia com atenção o poema de abertura deste capítulo: "Na casa defronte de mim". Repare na ironia banhada de angústia com que Álvaro de Campos, o heterônimo cosmopolita de Fernando Pessoa, vê no Outro um espelho de si mesmo, e tenta superar, através da empatia e da solidariedade, o abismo do isolamento, fantasma que espreita o homem moderno – o mesmo tema, aliás, que Carlos Drummond de Andrade desenvolve, em outro diapasão, no poema que vamos analisar a seguir.

MINERAÇÃO DO OUTRO

Os cabelos ocultam a verdade.
Como saber, como gerir um corpo alheio?
Os dias consumidos em sua lavra
significam o mesmo que estar morto.

Não o decifras, não, ao peito oferto,
monstruário de fomes enredadas,
ávidas de agressão, dormindo em concha.
Um toque, e eis que a blandícia erra em tormento,
e cada abraço tece além do braço
a teia de problemas que existir
na pele do existente vai gravando.

Viver-não, viver-sem, como viver
sem conviver, na praça de convites?
Onde avanço, me dou, e o que é sugado
ao mim de mim, em ecos se desmembra;
nem resta mais que indício,
pelos ares lavados,
do que era amor e, dor agora, é vício.

O corpo em si, mistério: o nu, cortina
de outro corpo, jamais apreendido,
assim como a palavra esconde outra
voz, prima e vera, ausente de sentido.
Amor é compromisso
com algo mais terrível do que amor?

– pergunta o amante curvo à noite cega,
e nada lhe responde ante a magia:
arder a salamandra em chama fria.

CARLOS DRUMMOND DE ANDRADE [Itabira, MG: 1902 – Rio de Janeiro: 1987]. *Lição de coisas*, Rio de Janeiro, José Olympio, 1962, p. 46.

O TÍTULO, "MINERAÇÃO DO OUTRO", ENGENHOSO E AMbíguo, já contém a clara definição de uma certeza: o Outro não se oferece ao primeiro e superficial contato. É preciso minerar, mineirar, maneirar... A tarefa é árdua, mas compensadora. Talvez tenhamos a sorte de encontrar o metal precioso escondido no Outro: ou(t)ro. Quando não, talvez encontremos, no ato da mineração, o prazer da procura em si, que é pelo menos equivalente ao que advém do encontro da preciosidade buscada.

De início não está muito claro, mas já na terceira estrofe percebemos que, para o poeta, a relação com o Outro tende a assumir a forma do intercâmbio amoroso. Entre seres humanos, o que verdadeiramente conta é o amor. O resto não passa de preâmbulo. Ou epílogo. No entanto, predominam, no poema, os traços negativos: estar morto, monstruário de fomes, tormento, problemas, sugado, dor, vício etc. A expectativa da plena realização do impulso amoroso se vê ameaçada por obstáculos e dificuldades. O Eu e o Outro se atraem e se repelem, com igual intensidade. Lugar-comum... Catulo, poeta latino do século I a.C., confessa: "Odi et amo" (odeio e amo). Mais tarde, Camões dirá, como vimos no capítulo VII, que "tão contrário a si é o mesmo amor".

Se o sentido geral do poema drummondiano é fácil de perceber, muita coisa escapa: ainda estamos na superfície. Até porque tudo aí parece convergir para aquela intrigante salamandra do último verso. O poeta fala em "magia" e a imagem final nos desafia, como um enigma: "arder a salamandra em chama fria". O impacto sobre a sensibilidade do leitor é certeiro: estranheza, fascínio, curiosidade. O palpite é que, se conseguirmos decifrar o enigma da salamandra, estará explicado o poema todo. Mas é preciso agir com cautela, minerar o poema, pacientemente. A atitude diante do Outro deve-se reproduzir diante da poesia: tatear, indagar, permitir que a verdade se revele, e não afirmar certezas apressadamente definitivas. Vamos ao começo.

Se os cabelos ocultam, como saber que a coisa ocultada é "a verdade"? *A* verdade? Só existe uma? Uma vez formuladas, as perguntas ecoam no segundo verso, cujo início repõe a afirmação anterior, agora crivada de dúvidas. A única resposta é: a verdade está sempre oculta. Tudo quanto vemos, tudo quanto julgamos saber, não passa de aparência (mentira?), tal como os cabelos: vaidade, artifício, moldura. O fato é que, no primeiro verso, o que temos é uma pergunta implícita: que é a verdade? No segundo, mais duas perguntas, já agora explícitas: "Como saber / como gerir um corpo alheio?", e as três podem cruzar-se, talvez assim: se fosse possível saber ou gerir um corpo alheio, teríamos a posse da verdade. Mas não temos. Por quê? Porque enquanto o indivíduo se dispõe a investigar a verdade – onde se oculta, qual a verdade do corpo, como sabê-la, como geri-la –, os corpos continuam a se autogerir, e a esconder a verdade que só eles detêm, e é inacessível à consciência, tanto a alheia quanto a própria. Desse modo, aplicar-se a tal tarefa "significa o mesmo que estar morto". A consciência se vê paralisada pela dúvida e a vida prossegue, indiferente.

Na segunda estrofe, a "teia de problemas", que "cada abraço tece além do braço", nos soa familiar, podendo ser entendida como a "circunstância" de que fala Ortega y Gasset: o Eu e o Outro, enredados; a ação do corpo e a contemplação da consciência percorrendo caminhos que se cruzam, num emaranhado insolúvel. Fora do alcance da consciência (saber) e da vontade (gerir), o Outro aparece sob a forma assustadora de "monstruário". Enquanto se deixar expor num *mostruário* qualquer (sem o *n*), o Outro se oferecerá apenas à contemplação alheia, passivamente. Mas, quando a mostra se metamorfoseia em "monstruário" (mostruário de monstros), o indivíduo revela estar prestes a agredir. Trata-se de "fomes enredadas": de um lado, vontade de aproximação, desejo de partilhar afetos; de outro, a possibilidade de agredir e o medo de ser agredido. A agressão como autodefesa.

Como eliminar da vitrina-oferecimento o *n* cavernoso, gerador de monstros? A quem compete a iniciativa? A mim ou ao Outro? A indagação é inútil. "Um toque", vale dizer uma tentativa, de qualquer parte, logo desencadeia o medo latente e a negatividade. Podendo ver no meu gesto o aceno solidário, por que o Outro vê aí o inimigo? Podendo ler "fome", no gesto do Outro, por que eu leio "enredada"? Instalada a dúvida, toda iniciativa, como o "abraço", arma entre o Eu e o Outro algo que os transcende e lhes escapa: a "teia de problemas", que ao mesmo tempo irmana e afasta, já que nenhum dos dois tem controle sobre o laço precário que os vincula, para "além do braço".

Formada a teia que os enreda, tanto o Eu quanto o Outro correm o risco de perder a individualidade, passando a figurar apenas como participantes de uma relação comum. Por isso eu tendo a ver no Outro o inimigo, aquele que me usurpa de mim mesmo, o responsável pela perda da minha individualidade. E tendo a ser visto por ele da mesma forma. Com isso, não me apercebo, não nos apercebemos, de que pode não se tratar de uma perda, mas de um ganho. Na dúvida, o poeta insiste em minerar, alertando-nos: "Não o decifras, não". Toda certeza é precária. Enredado no e com o Outro, eu mergulho mais fundo na autoconsciência e me apego ao "mim de mim". (Estamos na terceira estrofe.) Que vem a ser esse redundante "mim de mim"? Simples: aquilo que permite que eu seja eu mesmo e não... outro; minha intimidade mais recôndita, meu segredo mais ciosamente guardado; aquilo que eu próprio ignoro, apenas adivinho, mas sei que é substancial e intransferível. Aquilo que, "sugado" pelo Outro, se esvai.

"Como viver sem conviver"? Impossível resistir ao apelo do convívio, um apelo que vem tanto de fora quanto de dentro. Por que as sutilezas da relação diriam respeito só a mim e não também ao Outro? Por que os meandros e complexidades da minha consciência não se aplicariam também à consciência que o Outro tem de si próprio? Assim, o Eu rejeita o isolamento, a autorreclusão; recusa-se a "viver-não", que corresponde à morte, ou a "viver-sem", viver em estado de permanente carência. Seu impulso mais fundo é na direção do convívio e da afirmação da vida. Aí começa a se desfazer o pessimismo de superfície. A "blandícia" só se transforma em tormento, e o amor, em vício, quando o indivíduo se rende à dependência e à compulsão, advindo daí a falência da vontade e a abdicação da consciência.

Para o poeta, o corpo não é só vil matéria, reduzida à contingência física. O corpo é também "mistério", é "cortina de outro corpo, jamais apreendido". Mas repare como, a partir desse ponto (estamos no início da última estrofe), a linguagem do poeta se impessoaliza, e é fundamental deter a atenção nesse pormenor.

Até o final da terceira estrofe, tínhamos uma voz pessoal, individualizada, uma primeira pessoa que se dirigia a um interlocutor: a mim, a você, a si mesmo, a todos nós. Dirigia-se ao Outro. Na quarta estrofe, a primeira pessoa se ausenta e a voz que fala já não se dirige a ninguém: passa a *falar de* em vez de *falar a*. O poeta fala agora de um "amante curvo". Quem? Ele mesmo? Cada um de nós? Eu diria que tanto faz. O importante é observar que se trata de uma terceira pessoa, distante e impessoalizada. Por quê? Para que a verdade se manifeste por si, sem distorções, isto é, a verdade do corpo, esse corpo que não sabemos nem gerimos. Para que essa verdade se manifeste, é preciso que a subjetividade se ausente, logo após ter atingido sua expressão máxima, com o "mim de mim" da estrofe anterior.

A passagem ficará mais clara se a confrontarmos com outra, de outro livro de Drummond, posterior a *Lição de coisas*, em que o poeta retoma a ideia de uma metafísica do corpo: "Meu corpo não é meu corpo, / é ilusão de outro ser". Esse "outro ser" corresponde, no poema que estamos analisando, à "outra voz", que se esconde por trás das palavras, uma voz que é ao mesmo tempo "prima" (primeira, primordial) e "vera" (verdadeira), mas "ausente de sentido". Ausência provisória, já se vê, pois o sentido primordial e verdadeiro aí está, no corpo, embora inacessível à consciência. O que conseguimos traduzir em palavras, mesmo nos momentos de lucidez, não passa de representação imperfeita do que efetivamente sentimos e queremos.

Assim como o abraço se desdobra em "teia de problemas"; assim como o "mim de mim" se desmembra em ecos; assim também o amor talvez não possa ser contido em seus limites, tendendo a se transformar em outra coisa (seu contrário?). Essa outra coisa, dor ou vício, paradoxalmente não é mais amor, embora continue a fazer parte inalienável da experiência amorosa: "Amor é compromisso com algo mais terrível do que amor?". Ao perguntá-lo à noite cega, o amante curvo (isto é, previamente derrotado, voltando a se recolher para dentro de si mesmo) sabe que não terá resposta. De fato, "nada lhe responde". A não ser que tomemos como resposta a magia da salamandra a arder em chama fria. Podemos não saber do que se trata (quem o sabe?) mas percebemos que tem a ver com a lógica dos contrários, que é a lógica do amor, segundo Catulo, segundo Camões, segundo toda a tradição.

"Salamandra" é uma pequena estufa portátil, usada para aquecer ambientes domésticos, e já seria suficiente ("arder a salamandra em chama fria") para funcionar como emblema do difícil convívio com o Outro. Mas é também um anfíbio, considerado animal fabuloso por alguns alquimistas, que não pode ser destruído pelo fogo. Não assim, porém, com a salamandra convocada por Drummond. Esta não só arde, mas arde em chama fria. Trata-se do absolutamente inesperado, imprevisível, inexplicável. E assim será o amor, na visão do poeta, para que o desconcertante verso final sirva de fecho ao poema todo. Um fecho tanto mais notável por reelaborar, com extrema originalidade, outro clichê camoniano, já nosso conhecido, aquele segundo o qual "amor é um fogo que *arde sem se ver*". Assim, a "praça de convites", referida na terceira estrofe, vem a dizer respeito não só ao confronto genérico entre o Eu e o Outro, mas à relação entre o poeta e seus leitores, assim como entre o poeta e seus poetas – Catulo, Camões –, todos entrelaçados, incapazes de resistir ao apelo do convívio.

1

Deve ter chamado sua atenção, no poema de Fernando Pessoa "Na casa defronte de mim", os versos que dizem: "Moram ali pessoas que desconheço, que já vi mas não vi. / São felizes, porque não são eu". Escreva um poema, para justificar ou para negar a incongruência do "já vi mas não vi". Ou então desenvolva a ideia implícita no segundo verso: "Quem for como eu será infeliz". Ou, ainda, faça um exercício semelhante, a partir de outro verso, que lhe tenha chamado mais a atenção do que esses.

2

Você já viu uma salamandra? (O anfíbio, não a estufa.) É provável que não, mas uma enciclopédia, um atlas de zoologia, a internet... Faça uma pesquisa a respeito (uma foto ou um desenho serão de boa ajuda), depois solte a imaginação: descreva em versos a sua "salamandra", mas não se prenda ao que diz o poeta, nem à interpretação a que chegamos. Associe o animal, livremente, ao que você julgar mais interessante.

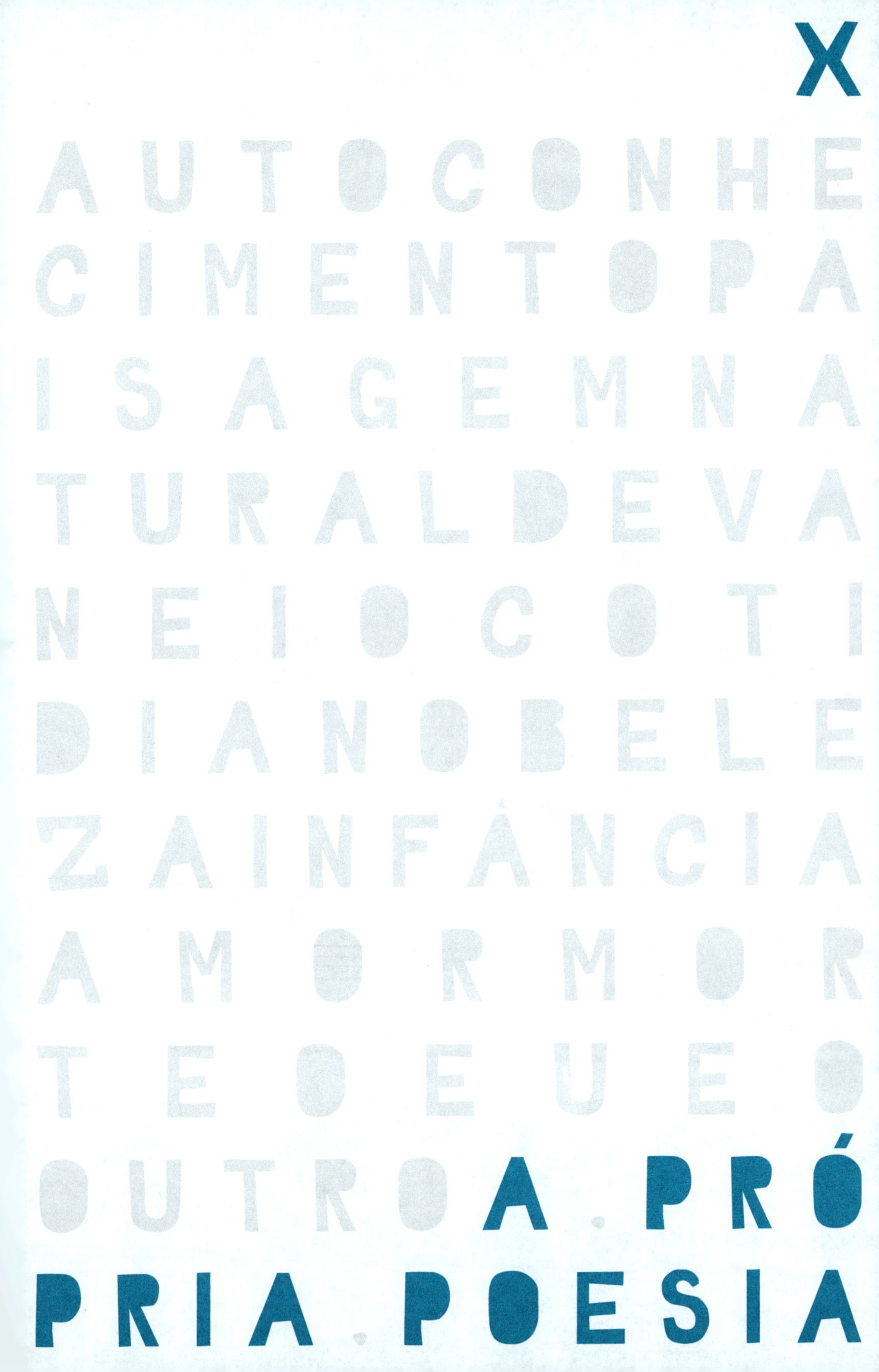
X
AUTOCONHE
CIMENTOPA
ISAGEMNA
TURALDEVA
NEIOCOTI
DIANOBELE
ZAINFÂNCIA
AMORMOR
TEOEUEO
OUTROA.PRÓ
PRIA.POESIA

A PRÓPRIA POESIA

ANTIODE

Poesia, te escrevia:
flor! conhecendo
que és fezes.
Fezes como qualquer,

gerando cogumelos
(raros, frágeis cogu-
melos) no úmido
calor de nossa boca.

Delicado, escrevia:
flor! (Cogumelos
serão flor? Espécie
estranha, espécie

extinta de flor, flor
não de todo flor,
mas flor, bolha
aberta no maduro.)

Delicado, evitava
o estrume do poema,
seu caule, seu ovário,
suas intestinações.

Esperava as puras,
transparentes florações,
nascidas do ar, no ar,
como as brisas.

JOÃO CABRAL DE MELO NETO [Recife: 1920 – Rio de Janeiro: 1999]. *Poesias Completas*, 3ª ed. Rio de Janeiro, José Olympio, 1979, pp. 332-333.

SE O TEMA PREFERIDO DOS POETAS É O SEU PRÓPRIO EU, ou a auto-identidade, era natural que sua matéria, a poesia, mais cedo ou mais tarde deixasse de ser apenas noção implícita, para se tornar também um tema com estatuto próprio, diretamente abordado. De que falam os poetas? Falam de si mesmos, falam dos temas examinados nos capítulos anteriores, e muitos mais, mas falam também da própria poesia. Não me refiro às ideias teóricas que este ou aquele poeta possa eventualmente expor numa entrevista, num prefácio, num artigo. Muitos poetas são dublês de crítico literário, mas não é esse o caso que interessa, no momento. Estamos interessados, agora, em poemas cujo tema é a própria poesia, que são em grande quantidade, sobretudo a partir do século XX.

Trata-se de uma prerrogativa, não só do poeta, mas do escritor em geral. O poeta, o romancista, o contista etc. gozam todos do mesmo privilégio: escrever um poema, um romance ou um conto cujo tema seja o conto, o romance, a poesia. Você ouviu falar de alguma composição musical cujo tema fosse a música em si? Ou de um quadro que tematizasse a própria pintura? Só o escritor tem a prerrogativa de praticar a arte hiperintelectualizada de refletir sobre o seu ofício, não em *off* (artigos, entrevistas, manifestos), que isso todos podem fazer, mas no miolo da própria criação.

Os poetas clássicos não demonstram grande interesse pelo tema. Camões, por exemplo, tem um soneto famoso em que adverte o leitor: "...quando lerdes / Num breve livro casos tão diversos, / Sabei que, segundo o amor tiverdes / Tereis o entendimento de meus versos". Dois séculos depois, Bocage retoma aproximadamente a mesma atitude, e afirma, também num soneto: "Incultas produções da mocidade / Exponho a vossos olhos, ó leitores: / Vede-as com mágoa, vede-as com piedade, / Que elas buscam piedade, e não louvores". Não se trata, ainda, de reflexões sobre a poesia ou a condição de poeta, embutidas no corpo do poema; trata-se, antes, de uma pequena encenação, em que o poeta endossa o lugar-comum, segundo o qual a poesia é um dom misterioso, e deixa passar sempre, nas entrelinhas, a ponta de orgulho de quem se julga dotado de um talento raro que o distingue do leitor, do qual ele espera... benevolência.

A encenação se prolonga, Romantismo adentro. Só com o Parnasianismo é que surge um dado novo: o esteticismo, a supervalorização da arte em si, a consciência artesanal, na verdade, um desdobramento da encenação clássica, com o mesmo ingrediente de orgulho, e velado menosprezo ao leitor. A "Profissão de Fé", de Olavo Bilac, é o nosso exemplo mais flagrante da nova atitude:

Invejo o ourives quando escrevo:
Imito o amor
Com que ele, em ouro, o alto relevo
Faz de uma flor.

Imito-o. E, pois, nem de Carrara
A pedra firo:
O alvo cristal, a pedra rara,
O ônix prefiro.

Por isso, corre, por servir-me,
Sobre o papel
A pena, como em prata firme
Corre o cinzel.

O que temos aí é uma espécie de declaração de princípios, na abertura da coletânea de que o poema faz parte, como que a preparar o leitor para o tipo de poesia que encontrará nas páginas seguintes. Nas últimas décadas do século XIX, é grande o número de poetas que, sob a influência dos parnasianos e dos simbolistas franceses, escreveram poemas em que expõem seu projeto poético, sua concepção de como deve ser a poesia.

O leitor, com seu espírito prático, perguntaria: que interesse poderíamos ter nas teorias do poeta sobre a poesia que ele pretende escrever? Quando tiver resolvido suas dúvidas, ele que escreva, simplesmente, sobre o que quiser, e aí então o leremos. Não estamos interessado em promessas, mas em poesia propriamente dita. Muito justa a observação, sou obrigado a reconhecer. Sobretudo porque a esmagadora maioria dessas "profissões de fé" raramente se cumprem: a poesia produzida a partir desses projetos versificados sempre acaba diferindo, e muito, do modelo proposto.

Acontece que não se trata de escolher um modelo, uma concepção poética, e em seguida criar, ou não, uma poesia coerente com a escolha. A grande quantidade de poesia sobre poesia, nesse período, denuncia uma crise: a crise da identidade social do poeta e da própria poesia. Camões ou Bocage apelam para a empatia do leitor, mas não perdem tempo em lhe explicar o que seja poesia: partem do pressuposto de que todos o sabem. Já Bilac e os modernos se empenham em defini-la, pois percebem que o significado tradicional se perdeu, ou não é mais aceito. Antes de escrever seus poemas, sobre as coisas reais da vida humana, o poeta pós-romântico se vê na contingência de justificar sua presença, valorizar sua condição. Antes de escrever, o poeta moderno sabe que é preciso dar resposta convincente a certas perguntas.

Para que escrever? Para que serve a poesia? Que é ser poeta? Que valor tem um poema? Quem se interessa por isso? Impossível imaginar um poeta clássico preocupado com tais indagações. Para Camões, por exemplo, a poesia é um valor líquido e certo, referendado pela sociedade, como um todo. Não é preciso que ele, poeta, valorize a sua condição: o consenso geral se encarrega disso. Mas, no século XX, esse consenso se perdeu, e o poeta é o primeiro a tomar consciência do fato.

Num famoso poema em prosa, pioneiro, Baudelaire fala do poeta que, ao atravessar a rua, deixou cair a sua "aura" na sarjeta e não a encontrou mais. Despido do emblema que o distinguia como tal, o poeta se iguala ao homem comum, anônimo, perdido na multidão, em busca de sua identidade. Não tem então outra alternativa senão pôr de lado a hipocrisia e enfrentar a realidade. À medida que se aprofunda na indagação sobre a atividade que exerce, o poeta se afasta cada vez mais do gosto comum, invariavelmente preso à tradição. A isso se soma o elevado grau de exigência que ele se impõe, no sentido de evitar os clichês, fugir da encenação algo fantasista e demagógica em que se comprazem os poetas tradicionais.

Nessa linha, João Cabral de Melo Neto é o nome mais significativo, em língua portuguesa. Autor de uma obra coerente, centrada até certa altura quase que exclusivamente no tema da própria poesia, João Cabral leva até onde é possível seu projeto de criar uma nova expressão poética, feita de objetividade e rigor construtivista, livre do sentimentalismo e da autocomiseração comuns à poesia lírica. De *Pedra do sono* (1942) até *A educação pela pedra* (1966), a obsessão do poeta consiste em redefinir a poesia, a nova poesia que ele vai criando, o que implica desmistificar a poesia tradicional. Um bom exemplo dessa postura é o poema transcrito na abertura do capítulo, ousado e agressivo ao propor que o clichê poesia-flor (delicadeza, singeleza, graça etc.) seja substituído por sua negação radical, poesia-fezes (dejeto, aquilo que é repelido).

Hans Sedlmayr, um estudioso da estética, afirma que a arte moderna se caracteriza por algumas "determinantes", entre as quais a busca da pureza, não no sentido moral mas químico: a poesia moderna está à procura da "poeticidade", isto é, aqueles atributos que a definam essencialmente como tal e impeçam que se confunda com outras formas de expressão. Repare na "Antiode" de João Cabral. Veja como a quinta estrofe opõe o "estrume do poema" às "transparentes florações", estas "nascidas do ar, no ar", aquele originado do "seu ovário". As florações representam apenas um símbolo externo, superficial, equivalente à "aura" que o poeta baudelaireano perde na sarjeta; o estrume representa o extrato essencial, aquilo que provém do âmago da arte poética, a poesia autêntica.

É a procura dessa poesia autêntica, feita de entranhas e raízes, empenhada na verdade da vida, sem subterfúgios, que está na consciência do poeta moderno. Ao insistir obsessivamente nela como tema de seus poemas, Manoel de Barros, autor do poema que vamos analisar em seguida, afirma numa entrevista: "Nos poetas há uma fonte que se alimenta de escuros. Coisas se movendo ainda em larvas, antes de ser ideia ou pensamento. É nessa área do instinto que o poeta está". E sua definição de poeta, num poema que pertence à mesma série da composição adiante analisada, é como segue: "Indivíduo que enxerga semente germinar e engole céu / Espécie de vazadouro para contradições / Sabiá com trevas / Sujeito inviável: aberto aos desentendimentos como um rosto".

Como se vê, é a mesma aspiração que já tínhamos vislumbrado em Cesário Verde ou em Baudelaire, em Mário de Andrade, em Manuel Bandeira e outros, anteriores a João Cabral e Manoel de Barros: a aspiração de trazer a poesia para junto da realidade, a fim de torná-la mais autêntica e mais humana; uma poesia que nos ajude a ganhar consciência da vida real e não nos iluda com o escapismo de vidas paralelas.

SABIÁ COM TREVAS

O poema é antes de tudo um inutensílio.

Hora de iniciar algum
convém se vestir roupa de trapo.

Há quem se jogue debaixo de carro
nos primeiros instantes.

Faz bem uma janela aberta.
Uma veia aberta.

Pra mim é uma coisa que serve de nada o poema
enquanto vida houver.

Ninguém é pai de um poema sem morrer.

MANOEL DE BARROS [Cuiabá, MT: 1916]. *Gramática expositiva do chão*, Rio de Janeiro, Civilização Brasileira, 1990, p. 208.

UM DOS PRIMEIROS ASPECTOS A CHAMAR A ATENÇÃO neste "Sabiá com trevas" é que o texto não se refere à poesia, conceito genérico, mas ao poema, objeto particular. Aí já se revela uma primeira lição, sutil. Manoel de Barros sugere que o poeta deve lidar com entidades bem definidas, individualizadas, e não com generalidades. Isso aliás coincide com o conselho dado por Rilke ao jovem poeta Franz Xaver Kappus, nas famosas *Cartas a um jovem poeta*: "Aproxime-se então da Natureza. Depois procure, como se fosse o primeiro homem, dizer o que vê, vive, ama e perde. Não escreva poesias de amor. Eis porque deve fugir dos motivos gerais para aqueles que a sua própria existência cotidiana lhe oferece. Utilize, para se exprimir, as coisas de seu ambiente, as imagens de seus sonhos e os objetos de suas lembranças. Se a existência cotidiana lhe parecer pobre, não a acuse. Acuse a si mesmo, diga consigo que não é bastante poeta para extrair as suas riquezas. Para o criador, com efeito, não há pobreza nem lugar mesquinho e indiferente".

Em seguida, devemos observar que o poema é límpido, claro, direto: nenhum floreio de linguagem, nenhuma construção arrevesada, nenhuma palavra rara, com exceção do neologismo "inutensílio", mas de fácil assimilação, já que formado do prefixo *in* (negação) mais o substantivo *utensílio*. O texto não deixa dúvida sobre o objeto de que trata – o poema – e o modo como o faz é de uma lógica impecável. Primeiro, uma definição taxativa, isolada no primeiro verso; depois, a cada estrofe, uma nova característica vai sendo acrescentada, com a finalidade de desdobrar ou esclarecer a definição inicial; no fecho, outro verso isolado, tão taxativo quanto o primeiro. Isso aproxima esses dois versos, o início e o fim. Os demais, além de serem emparelhados, são todos dubitativos, lidam com hipóteses: *algum*, *convém*, *há quem se jogue*, *enquanto vida houver*. Na abertura e no fecho, ao contrário, temos afirmações categóricas, com o verbo ser, o verbo definidor por excelência, no modo indicativo.

Sabemos, então, *de quê* o poeta fala e vimos que o *modo como* fala é simples e lógico. Já *o quê* ele diz, de simples não tem nada. Mas a boa estratégia é não ter pressa. Por enquanto, estamos só tentando cercar o poema, cavalo bravo que se recusa a ser domado, e ainda não arriscamos nenhuma interpretação. Antes, é preciso examinar com cuidado o jeito da fera e, quem sabe, ganhar-lhe a confiança. Talvez seja o caso de fazer uma pergunta inocente: a quem se dirige o poema?

A linguagem aí empregada não constitui uma *fala* propriamente dita: o poeta não se dirige a ninguém nem a nada, não faz nenhuma interpelação. Compare com a "Antiode", no início do capítulo, e veja como ali João Cabral interpela a poesia: "Poesia, *te* escrevia: / flor! Conhecendo / que *és* fezes". Não é por aí. Não estou pensando também no fato de que, como qualquer poema, este se dirige ao leitor – a mim, a você, a qualquer um. Minha pergunta pretende saber que tipo de leitor o poema pressupõe. Estou afirmando que determinados textos (alguns teóricos afirmam que isso se aplica a todos) prefiguram o tipo de leitor que pretendem atingir. Acho que é o caso desse poema.

O segundo verso, "Hora de iniciar algum", já nos dá um bom indício. Parece que Manoel de Barras pensa no poeta, ou no processo de criação. Você diria, com justa razão, que "iniciar algum" também pode ser entendido como "começar a ler" e não exclusivamente "a escrever" um poema, e neste caso o poeta estaria pensando no leitor-intérprete. Está bem, concordo. Mas vamos em frente. As referências que vêm em seguida (*há quem se jogue debaixo de carro*, *uma janela aberta*, *uma veia aberta*) tanto podem dizer respeito ao poeta quanto ao leitor. Já a afirmação "Pra mim é uma coisa que serve de nada o poema" eu diria que remete à condição de poeta, mas sei que você vai objetar, argumentando que, nessa passagem, a primeira pessoa pode estar sinalizando o poeta não enquanto autor do poema, mas enquanto leitor. É, pode ser... Mas o verso final desfaz a dúvida: "pai de um poema" é só o poeta; o leitor não teria como assumir essa paternidade.

Isso responde à pergunta inocente: o poema se dirige ao poeta.

O ponto de vista aí escolhido é o do criador, não o do consumidor de poesia. Desse modo, pelo menos em princípio, suas definições devem ser entendidas desse ângulo, do ângulo de quem está ali dentro, envolvido no processo da criação. Só em segunda instância é que pensaremos no ângulo de quem está aqui fora, lendo poesia.

A ideia-chave do poema é a de *utilidade*, que aparece no verso inicial (inutensílio, não utensílio, algo sem utilidade) e é reforçada na penúltima estrofe (*serve de nada*). Mas a ideia forte só aparece no último verso, é a ideia que iguala "[ser] pai de um poema" a "morrer". A afirmação é clara: gerar um poema equivale a morrer. Mas repare que isso ainda não é uma interpretação. Apenas continuamos a cercar o texto, à procura daqueles sentidos que, a meu ver, são mais objetivos, não dão margem a grandes discussões. Quando começar a interpretação, para valer, aí as divergências se multiplicarão. Mas não é o caso de desistir. Vamos à ideia-chave.

"O poema é antes de tudo uma inutilidade" – parafraseando, não é isso o que diz o primeiro verso? Pois é. Mas para dizer só isso não era necessário inventar palavras, bastava o adjetivo "inútil". Se o poeta criou o neologismo, é porque "o poema é inútil" não diz o mesmo que "o poema é um inutensílio". A ideia geral pode ser a mesma, mas a forma escolhida pelo poeta acrescenta algo. Primeiro nos surpreende e encanta com a engenhosidade da prefixação, que devolve a palavra à sua origem ("utensílio" provém da forma latina *utensilia*, que por sua vez se origina do verbo *utor*, "servir-se de", e o adjetivo *util* provém do mesmo verbo). Ao se deparar com o neologismo, o ouvido interior capta simultaneamente, não uma só, nem duas, mas três palavras: in**utensílio**, in**u**tens**il**io e **inut**ensil**io**.

Acontece que útil/inútil, utilidade/inutilidade são noções abstratas, genéricas. Já "utensílio" é um substantivo concreto, só se aplica a objetos. Eu posso dizer que "afobar-se", por exemplo, é inútil, mas não que "paciência" seja um utensílio. O espectômetro é um utensílio, mas a lei da física segundo a qual polos iguais se repelem e polos opostos se atraem é só uma noção abstrata. A característica essencial de todo utensílio é servir de passagem; sua finalidade não reside nele mesmo mas em outra coisa, fora dele. Pense na panela, por exemplo, o utensílio por excelência. Sua finalidade é ajudá-lo a preparar seu arrozinho carreteiro, seu frango ensopado, o que você mais apreciar. Ao utilizá-la, você está interessado no resultado, o arroz ou o frango. Agora, se for uma panela muito bonita, cheia de truques e novidades, é possível que você se concentre nela e tome-a como objeto valioso em si, esquecendo-se da finalidade a que se destina.

Com isso a panela deixará de pertencer à categoria dos utensílios. Você esquecerá o arroz e o frango, irá matar a fome na lanchonete da esquina e talvez coloque a panela sobre um aparador, como objeto de adorno, na sala de visitas, a exemplo de tantos ex-utensílios (inutensílios?), como máquinas de costura que não costuram, relógios que não dão hora, instrumentos náuticos que já não navegam, mas que ajudam a compor a decoração do ambiente, conforme o gosto de cada um. Todos cumprindo com a finalidade de serem admirados pelo que são, em si, e não pela serventia de que foram alijados.

Afirmar que "o poema é inútil" não diria nada quanto à sua finalidade residir nele mesmo ou fora. Mas chamá-lo de "inutensílio" equivale a declarar que ele é uma espécie de panela que perdeu a finalidade. Como assim? O poema é um objeto cuja finalidade deveria remeter para fora dele – para mim ou para você, por exemplo, seus leitores. Reconhecer que ele é um "inutensílio" equivale a atribuir-lhe finalidade em si. Por isso, para ele, "é uma coisa que serve de nada o poema". Nós, aqui fora, temos no geral a expectativa de que as coisas, todas as coisas, incluindo a poesia, tenham alguma utilidade. Para o poeta, enquanto tal, não é bem assim. Para ele, o poema está muito além, ou aquém, do utilitarismo.

Para começo de conversa, poema não é fácil de definir. Dizer que é um inutensílio assinala o que ele não é, não o que ele é. Afirmações desse tipo, isto é, definições pela negativa, podem multiplicar-se ao infinito. O poema "não é" *n* coisas, mas ainda que conseguisse enumerar todas (?) essas coisas, você não ficaria sabendo o que o poema *é*. Além do que, eu poderia dizer, por exemplo, que o teorema de Pitágoras é um inutensílio, não poderia? Não seria uma afirmação válida? Mas isso não me levaria a concluir que poema e teorema fossem a mesma coisa. (Peça ao seu professor de lógica que fale um pouco sobre as boas regras de uma definição.)

Sabendo disso, o poeta vai roendo o objeto pelas bordas. Para que a “roupa de trapo”? Evidente! O poema pede que ponhamos de lado toda a pompa, toda a ostentação, toda a vaidade. Pede que estejamos preparados para conviver com coisas simples e singelas, mas paradoxalmente valiosíssimas, mais valiosas que a própria vida. Basta começar a escrever um poema e, por razões imponderáveis, o poeta é acometido da súbita vontade de se jogar debaixo de um carro. Exagero? Claro que sim. A retórica chama isso de hipérbole, e o poema de Manoel de Barros é hiperbólico. Essa é a dimensão do poeta, mergulhado no embrião do poema, aflito por gerá-lo. Mas é só reduzi-lo às nossas dimensões, aqui fora, para que o exagero ganhe sentido plausível. Para o poeta, o poema não é um utensílio, é sua razão de existir. Daí, ou ele é capaz de criá-lo, ou não vale a pena continuar vivo.

Ele começa por uma das bordas, mas logo atinge o âmago da coisa. Em seguida, retorna, e acrescenta a “janela” e a “veia”. A oposição está clara, não está? O lado de fora e o de dentro; o objetivo e o subjetivo; e assim por diante. O que importa é o adjetivo, “aberta”, repetido, enfatizado. O poema não admite reservas, meio-termo: o olhar, a mente, o coração, todo o ser do poeta deve estar receptivo a todos os estímulos, ainda que isso exija o sacrifício do seu fluido vital, o sangue que corre na “veia aberta”, metáfora da poesia que circula na alma, à procura de expressão. Caso contrário, não será gerado um poema de verdade, só um simulacro.

Agora já faz algum sentido, vamos entendendo melhor a definição. O poeta não tem como servir-se do poema para outra finalidade que não seja... criá-lo. “Enquanto vida houver”? Claro, enquanto houver nele vida verdadeira, vida autêntica, ele estará empenhado em criar poemas... que serão meros inutensílios, sem serventia. Quando, ou se, sua vida perder o sentido da autenticidade, não haverá mais poemas. Ou, caso continue a escrever, já não será com roupa de trapo. As janelas estarão fechadas e os poemas serão meros utensílios, a serviço de sua vaidade, por exemplo. O poeta se converterá num sabiá como outro qualquer, sem trevas. (Tenha só um pouco de paciência: logo chegaremos a esse sabiá “*com* trevas”.)

De um lado, a categoria dos objetos úteis, que fazem parte da vida prática, comum a todos nós; de outro, a dos objetos inúteis, como o poema, que fazem parte da vida contemplativa. (Sei que isso é só um esquema; existem várias outras categorias, além dessas duas. Mas é o que precisamos para começar a compreender o nosso sabiá com trevas.) O empenho radical que o poeta dedica ao poema significa transferir para a segunda categoria uma energia vital que ele extrai da primeira. É isso o que ele chama de "morrer", no verso final: gerar um poema é se exaurir, é roubar de si mesmo um pouco de vida. Se não for assim, não valerá a pena; melhor jogar-se debaixo de um carro. Ou esquecer tudo, apostar na vida prática, cercar-se exclusivamente de utensílios e ir ser na vida, como diz Fernando Pessoa, "cadáver adiado que procria".

Por que, então, "sabiá com trevas"? Metáfora de "poeta", não é mesmo? Como o sabiá, o poeta canta, alegre e descontraído, regozijando-se, talvez, com o simples fato de estar vivo. Mas, se não nos deixarmos iludir pela aparência, captaremos, em meio à alegria e à descontração do sabiá-cantor, as "trevas" que o espreitam e acompanham, o travo de angústia que marca o timbre do seu canto raro.

EXERCÍCIO DE CRIAÇÃO

1

O exercício sugerido por este capítulo é mais ou menos óbvio: diga, em versos, o que a poesia representa para você; explique por que você gosta de ler ou escrever poemas. Se você concordar com a ideia, inclua este paradoxo: ao escrever um poema, você se aproxima de você mesmo e se afasta dos outros. Mas pode ser exatamente o contrário: você se afasta de você e se aproxima dos outros...

2

Para não dizer que esses exercícios se destinam unicamente ao leitor-poeta (e já que o tema – a metapoesia – se presta bem a essa tarefa), ponha de lado a preocupação em escrever um poema e explore o seu lado crítico-teórico, racional: escreva um ensaio ou artigo, para simplesmente expor o que você pensa a respeito do assunto. Você verá que isso também é criação.

E AGORA?

1

POIS BEM, VOCÊ ACOMPANHOU AS INTERPRETAÇÕES, concordou com umas, discordou de outras; achou esta ou aquela francamente incompreensível; amou alguns poemas, ficou indiferente a este, execrou aquele; alguns capítulos você entendeu direitinho, achou até fáceis demais, outros nem conseguiu ler até o fim, de tão difíceis ou cansativos. Normal, eu diria. Você deve estar pensando: e agora?

Bem, agora é hora de esclarecer uns pontos mencionados na "Introdução". Comecemos pelo fato de que este livro foi escrito com o firme propósito de lhe ser útil, na tarefa de analisar textos poéticos, ou de escrever os seus poemas. Os antigos achavam que a própria poesia deveria ser "dulce et utile" (doce e útil), como já afirmava o poeta latino Horácio (65-8 a.C.), e a longa tradição que daí se origina pode ter posto em dúvida o primeiro atributo, *doce*, mas o segundo, *útil*, parece que até hoje perdura. Não foi esse o tema longamente discutido no capítulo anterior, que deu por encerradas as nossas análises? Pois é. Gostaria que este livro pudesse ser, para você, um utensílio, tão útil quanto uma panela ou um espectômetro. Mas sei que não é possível. Sei que você gostaria de ter encontrado aqui uma chave, que lhe abrisse as portas de todos os poemas do mundo. Mas essa chave não existe. Fiz o possível, mas não cheguei sequer perto dela. Se pudesse ser de outro modo, acredite, você estaria com essa chave nas mãos.

"Quando generalizamos a respeito de poesia", adverte o poeta anglo-americano T.S. Eliot (1888-1965), "generalizamos sempre a partir da poesia que conhecemos melhor e que mais apreciamos, não a partir de toda a poesia, sequer toda a poesia que tenhamos lido". Daí decorre que toda visão a respeito de poesia (do crítico, do leitor comum, do professor, do aluno, do autor de livros como este) será sempre unilateral, quer pelas limitações pessoais de gosto e temperamento, quer pelas restrições do espírito de época. Só o leitor ingênuo, iludido pela aura da "autoridade", acreditará na impessoalidade, na isenção ou na equanimidade do especialista, ou, no outro extremo, deixará de dar crédito às suas intuições de "leigo". No entanto, o esforço de quase todos é exatamente no encalço desses atributos inalcançáveis. Ao empreendê-lo, a maioria dos críticos e teóricos incorre no desvio assinalado por Eliot, expondo juízos sobre "a" poesia, quando deveria referir-se apenas à poesia de sua predileção.

Se isso é verdade para o crítico só crítico, que dizer do crítico também poeta? Sua propensão será tomar como poesia em geral não esta ou aquela corrente, mas a sua própria poesia. Caso clássico é o do jovem Fernando Pessoa, que em 1912, ainda poeta inédito em português, profetizou num ensaio o breve aparecimento de um poeta de grande envergadura, o supra-Camões. Traçou-lhe o perfil hipotético, descreveu-lhe as características de estilo e concepção e assinalou os fatores sociológicos e psicológicos em que se baseava a profecia. Não adiantou ele apontar Guerra Junqueiro e Teixeira de Pascoaes como exemplos/indícios da nova grande poesia prestes a surgir. Em pouco tempo ficou claro que o grande poeta a que ele aludia era ele próprio.

A partir da tradição estabelecida no século XIX por Poe, Baudelaire ou Mallarmé, a literatura do século XX em diante tem sido pródiga em poetas que exercem, cumulativamente, com mais ou menos brilho, a função de crítico ou ensaísta: T.S. Eliot, Fernando Pessoa, Paul Valéry, Octavio Paz, Mário de Andrade, Mário Faustino e tantos outros. Nosso tempo decretou o fim do poeta inspirado ou *naif*, ingênuo, se é que tal ficção um dia chegou a existir. O poeta moderno desenvolve uma severa vigilância sobre os fundamentos teóricos e as implicações críticas de sua atividade como poeta e, no geral, critica e teoriza em causa própria, vendo na poesia alheia o reflexo direto ou indireto de sua concepção criadora.

Diante desse quadro, como fica o leitor comum, que (ainda) não é nem poeta nem crítico (pode ser o seu caso, não é mesmo?), e esperaria receber de um livro como este uma orientação segura no tocante à poesia em geral? Se Eliot não tiver exagerado, será melhor perder a esperança. A poesia "em geral" não passa de abstração, é só a soma improvável da imensa quantidade de ilhas representadas pelas versões particulares de cada grande poeta e cada grande crítico. Eliot recomendaria aceitar que "o desenvolvimento do gosto genuíno, fundado no sentimento genuíno, é inextricável do desenvolvimento da personalidade e do caráter". Com base nisso, você concluiria, com o mesmo Eliot: "o homem cujo gosto em matéria de poesia não tenha o timbre de sua personalidade particular será uma pessoa muito desinteressante, com quem não valerá a pena trocar ideias a respeito de poesia".

2

O CONHECIMENTO DE POESIA É QUASE TÃO PESSOAL e intransferível quanto a foto 3x4 que você coloca nos seus documentos. Dá para usar a foto do irmão, do vizinho, do amigo? Pensando bem, até que dá, se você estiver disposto a ludibriar alguém. Mas você está disposto a se autoludibriar?

Veja o exemplo da bibliografia, necessária em qualquer estudo sério, imprescindível no nosso caso. Ficou evidente que eu utilizei dezenas de livros para chegar a escrever este. Sem contar os de poesia (mais de 20, não é verdade?), citei vários pensadores, críticos e teóricos, uns poetas estrangeiros. Mas você reparou que as únicas indicações bibliográficas são as dos livros dos poetas? Para você, interessado em apreciar poesia, e não necessariamente em escrever um tratado ou uma monografia a respeito, acho que esses são os livros que importam.

Se você me permitir, vou ser mais franco ainda. Presumo que, apesar de ter lido o livro todo com o máximo empenho, você ainda se sente inseguro quanto ao que seja poesia. Se alguém lhe puser nas mãos um novo poema, e lhe pedir que o analise, você terá dificuldade. Nada de surpreendente. A razão é simples, já foi exposta na "Introdução", e posso retomá-la agora. A poesia não obedece a leis definitivas, não tem regras fixas, não é uma ciência exata. Não há como adquirir, sobre o assunto, um conhecimento inteiramente objetivo e impessoal. A não ser que você se satisfaça com a superfície das coisas, nada no terreno poético será assimilado sem o seu envolvimento pessoal. Para estar apto a analisar satisfatoriamente um poema, você precisará estar na posse de certos instrumentos intelectuais que tenham passado antes pelo filtro da sua sensibilidade, da sua intuição, do seu temperamento. Os meus instrumentos talvez não sirvam a você, provavelmente não servirão. Podem valer, apenas, como referência. Voltemos então ao ponto de partida.

Você gosta de poesia, tem curiosidade a respeito, gostaria de se aprofundar nessa área, mas acha tudo muito difícil. Minha intenção foi oferecer-lhe algumas pistas, mas não uma fórmula ou uma receita. Bibliografia? Já disse o que penso: leia os poetas. Leia também, é claro, tudo quanto lhe der vontade, sem preconceito contra a crítica e a teoria. Mas não se esqueça da lealdade que você deve ao seu temperamento, à sua sensibilidade, à sua intuição; não vá aceitando, sem a devida reflexão, qualquer lei ou "verdade" com que se deparar. Veja se um ou outro dos poemas analisados o tocou mais de perto. Leia toda a obra desse poeta, leia tudo o que puder a respeito de sua vida e sua época. Isso não lhe dará a chave, mas você já não estará à procura dela. Dúvidas continuarão a existir, mas não serão as mesmas. A incerteza e o medo de errar serão substituídos por uma espécie de inquietação benigna.

O título diz que "poesia não é difícil" e na conclusão eu lhe aceno com toda essa dificuldade... Pois é. Se não estivéssemos lidando com poesia, mas com mecânica celeste... A dificuldade existe, mas não é intransponível. E, ao longo do esforço, a satisfação que podemos atingir é altamente compensadora. A dificuldade maior está em superar certo preconceito. Seguinte.

A função primordial de um poema, como de toda obra de arte, é nos comover. Diante de um poema, vivemos uma experiência emocional, que estimula nossa fantasia, apela para nossa intuição sensível. Agora, pense no conhecimento de outras disciplinas. Em condições normais, aquela experiência de ordem emocional não se repetirá quando você se deparar, por exemplo, com uma inequação de segundo grau: sua capacidade de raciocínio, sim, é que será estimulada, seu poder de dedução, sua inteligência lógica, sua intuição racional. Diante do poema você para e *sente*, extasiado com sua beleza, e contempla embevecido o mundo novo e estranho que se irradia da folha impressa. Diante da inequação você não para, *pensa*, a fim de que a inteligência alerta se ponha em marcha, atrás das incógnitas. Certo?

Não sei... Tenho sérias dúvidas.

Espero ter conseguido mostrar que isso não passa de preconceito. Ao se interessar por poesia, você não deve *ligar* apenas a afetividade e as emoções e *desligar* a massa cinzenta. Por que não manter tudo ligado? O poema nos comove, com certeza, e nos proporciona intensa experiência emocional, mas só através da reflexão rigorosa e da argumentação racional é que conseguiremos extrair dele a lição de vida que se esconde em suas entrelinhas.

NESTE PASSO, OS EXERCÍCIOS DE CRIAÇÃO TALVEZ AJUdem. Deixe-me tentar adivinhar: você realizou alguns deles, ou muitos, ou todos. Uns você achou estimulantes e se empenhou para valer; outros não, nem deu para entender direito a proposta. Em qualquer caso, sou capaz de apostar que você não realizou nenhum desses exercícios *exatamente* como foi sugerido, a cada capítulo. Para todos, você encontrou uma variação, outro rumo, que lhe pareceu mais atraente. E só assim você pôde experimentar o verdadeiro prazer que é possível extrair de exercícios como esses. Se você tivesse seguido exatamente o que eu propus, teria sido uma tarefa mecânica, nada celeste, apenas o cumprimento de uma obrigação.

Seja como for, você se deu conta de que nenhum desses exercícios pode ser realizado só com o coração, o sentimento, o envolvimento emocional. Todos eles, incluindo as variações que você tenha inventado, pediram também a participação de sua inteligência racional e sua capacidade de dedução, os mesmos dotes, em suma, que você põe a funcionar quando resolve uma inequação de segundo grau.

E terá descoberto, também, que poesia é uma tarefa terrivelmente solitária: você ali, defrontado com um texto alheio, a ser decifrado, ou defrontado com a folha em branco, a ser preenchida com versos de sua autoria, contando só com você mesmo. Daí a necessidade de *diálogo*, a que me referi na "Introdução", e dirigido a mais de um interlocutor.

Ao conceber este livro, eu poderia ter escolhido dialogar com o professor, ou com o aluno, ou com o leitor curioso, isto é, o leitor livre da preocupação com tarefas e obrigações escolares. Depois de refletir um bocado a respeito, optei por dialogar com os três – não ao mesmo tempo (seria anárquico demais para o nosso gosto, não é mesmo?), mas alternando, discretamente, os caminhos e interesses da interlocução. *Você* deve ter sentido, em mais de um momento, um pouco dessa variação. Minha intenção foi que o professor descobrisse: "Ah, eu também sou aluno; ensinar é talvez a melhor maneira de aprender". E que o aluno dissesse: "Ah, eu também sei alguma coisa, eu também posso ensinar".

Se eu tivesse optado por dialogar só com o professor, teria sido difícil vencer a tentação de dividir, com este, alguns segredos e artimanhas que não poderiam ser do conhecimento do aluno. Se tivesse escolhido como interlocutor só o aluno, a dose se repetiria: eu o faria confidente de umas estratégias secretas que, cúmplices, esconderíamos do professor. Você já viu aonde isso levaria...

Preferi apostar na transparência: o que tenho a dizer ao professor, o aluno não só pode como deve ouvir. E vice-versa. Não convém que haja segredos entre nós. E o leitor comum, esse que se sente ou pode sentir-se livre da enfadonha burocracia escolar, é parte integrante do que todos nós somos: eu, autor; você, professor; você, aluno. Todos nós ensinamos e aprendemos, ao mesmo tempo; todos nós podemos/devemos ter prazer em aprender e ensinar. Ai do professor, e ai do aluno, que se julgue acima do leitor comum.

Por isso reservei para a última página, logo depois desta, um derradeiro exercício de criação, diferente dos anteriores, que lhe oferece, como antídoto à solidão do ato de ler e escrever, o contraponto do diálogo, da interlocução diversificada e da confraternização.

EXERCÍCIO DE CRIAÇÃO (FINAL)

Reúna um grupo de amigos interessados nos exercícios dos capítulos anteriores.

PRIMEIRO PASSO: marque alguns encontros, para que todos leiam em voz alta os seus poemas, leitura seguida de uma roda de comentários. Não se acanhe em dizer que gostou mais, ou menos, disso ou daquilo. Não fique ofendido se alguém achar que nem todos os seus exercícios são obras-primas.

SEGUNDO PASSO: organize um sarau, que pode ser na escola, na casa de alguém, num bar, num clube, onde vocês quiserem. Convoque os parentes, os vizinhos, todo mundo, e escale alguém para ir chamando ao palco os poetas, um por um. Mas você deve conhecer alguém que arranha um violãozinho ou sopra de vez em quando uma flauta: eles providenciarão um som, para colorir e servir de fundo. O ideal é que a turma da música bote melodia nos poemas. Então, em vez de declamar, vocês cantam, dançam, dramatizam... Aí você descobrirá que essa é uma das funções da poesia: irradiar beleza, estabelecer parcerias com todas as formas de criação que você for capaz de arregimentar.

TERCEIRO PASSO: junte tudo num livro, num CD, num DVD, e me mande cópia. Quem sabe a próxima edição deste livro já possa incluir um dos seus poemas.

(Não se esqueça de me convidar para o sarau.)

CARLOS FELIPE MOISÉS (São Paulo, SP, 1942) estreou como poeta em 1960, com *A poliflauta*, a que se seguiram, entre outros: *Carta de marear* (Prêmio Governador do Estado de São Paulo, 1966), *Círculo imperfeito* (Prêmio Fundação Cultural do Estado da Bahia, 1978), *Subsolo* (Prêmio da Associação Paulista dos Críticos de Arte, 1989) e *Noite nula* (2008). Dedica-se também à crítica literária, com especial interesse em poesia moderna e contemporânea. Seus livros mais recentes nessa área: *O desconcerto do mundo* (2001), *Fernando Pessoa: almoxarifado de mitos* (2005) e *Poesia e utopia* (2007). É autor também de ficção para jovens (*O livro da fortuna*, 1992; *A deusa da minha rua*, 1996; *Conversa com Fernando Pessoa*, Prêmio FNLIJ, 2007); e para adultos (*Histórias mutiladas*, Prêmio Governo do Estado de Minas Gerais, 2008). Traduziu obras como *Tudo o que é sólido desmancha no ar*, de Marshall Berman (1986), *Que é a literatura?*, de Jean-Paul Sartre (1989), *O poder do mito*, de Joseph Campbell (1990) etc. É mestre e doutor em letras clássicas e vernáculas pela Universidade de São Paulo, tendo lecionado teoria literária e literaturas brasileira e portuguesa em várias instituições universitárias, no Brasil e nos Estados Unidos.

Impressão e acabamento
Editora Parma LTDA
Tel.:(011) 2462-4000
Av.Antonio Bardella, nº310,Guarulhos,São Paulo-Brasil